Z 33021

Dijon
1800-1803
Bacon, François
Œuvres

janvier   Tome 14

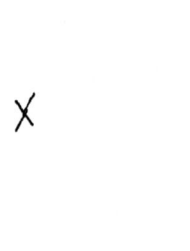

Z. 2410
z. -14.

Ⓒ

39020

ŒUVRES
DE
FRANÇOIS BACON,
CHANCELIER D'ANGLETERRE.
TOME QUATORZIÈME.

A PARIS,

CHEZ ANT. AUG. RENOUARD, LIBRAIRE,
RUE ANDRÉ-DES-ARCS, N°. 42.

OEUVRES

DE

FRANÇOIS BACON,

CHANCELIER D'ANGLETERRE,

TRADUITES PAR Ant. LASALLE;

Avec des notes critiques, historiques et littéraires.

TOME QUATORZIÉME.

A DIJON,

DE L'IMPRIMERIE DE L. N. FRANTIN.

AN XI DE LA RÉPUBLIQUE FRANÇAISE.

HISTOIRE
DE HENRI VII,
ROI D'ANGLETERRE.

Durant le séjour du roi à Latham, *Perkin*, voyant que ces délais et ces lenteurs qui avoient pu lui être utiles tant que sa conspiration étoit demeurée secrète, et avoit réussi, jusqu'à un certaint point, en *Angleterre*, ne pouvoient plus que lui être nuisibles, depuis que le complot étoit découvert, et que tout son parti penchoit vers sa ruine ; sentant de plus qu'il ne pouvoit soutenir sa réputation que par quelque action d'éclat, voulut enfin éprouver sa fortune, et tenter une descente en Angleterre, fondant tout son espoir sur le penchant du peuple pour la maison d'*Yorck*, et sur son dévouement aux intérêts de cette maison. Mais il n'ignoroit pas que, pour attirer à son parti cette *multitude machinale*, il devoit recourir à des moyens bien différens de ceux qu'il avoit employés pour gagner les personnes de distinction, et qu'il ne pouvoit s'assurer de la faveur de ce vulgaire, qu'en déployant ses étendards en pleine campagne. En conséquence, il se détermina à jeter l'ancre près des côtes de *Kent*, et à diriger son attaque de ce côté-là.

Les Anglois avoient une si haute idée de la prévoyance et de la sagacité de leur roi, qu'ils attribuoient à la justesse de ses mesures et à son habileté les événemens les plus heureux, quoiqu'il n'eût eu, à cet égard, d'autre mérite que celui de savoir en profiter. D'après cette prévention en sa faveur, ils s'imaginèrent que ce prince avoit prévu que *Perkin* choisiroit le *comté de Kent* pour le lieu de son invasion, et que, pour l'attirer de ce côté, il s'étoit éloigné, en se portant dans les provinces septentrionales, à l'exemple de ces lutteurs qui se découvrent à dessein, pour exciter leur adversaire à attaquer sans précaution le côté découvert, le prendre sur le temps et le renverser. Le roi étoit bien assuré de la fidélité des habitans de ce comté, dont il avoit regagné l'affection par sa présence ; ce qui donnoit quelque vraisemblance à cette conjecture.

Les troupes de *Perkin* étoient composées de la lie et du rebut de toutes les nations. Elles n'étoient point à mépriser pour le nombre et le courage ; mais de tels soldats, par leur caractère, leurs inclinations et leur situation, n'étoient pas moins redoutables pour leurs amis que pour leurs ennemis : c'étoit un assemblage de criminels condamnés, de bannis, de gens sans aveu, et accoutumés à vivre de brigandage : quoi qu'il en soit, s'étant embarqué avec ces troupes, il fit voile vers la côte de *Kent*, et jeta l'ancre, au mois de juillet, près des petites villes de *Sandwich* et de *Déal*. A peine eut-il mouillé, qu'il fit mettre à terre une partie de ses soldats, qui se vantèrent d'être soutenus par de grandes forces, et voulurent persuader aux habitans qu'ils attendoient sous peu une puissante armée. Mais ceux-ci n'appercevant dans cette troupe aucun homme de marque, voyant même qu'elle n'étoit composée que d'étrangers et de misérables, qui avoient plus l'air de pirates et de brigands, que de vrais soldats ; en un mot, d'hommes qui paroissoient plutôt destinés à ravager une côte qu'à conquérir un royaume, et à rétablir sur le trône le légitime héritier, allèrent trouver les principaux du canton, leur témoignèrent un entier dévouement aux intérêts du roi, et offrirent de prendre les armes pour défendre sa cause, les priant de donner leurs ordres, et de leur prescrire eux-mêmes la conduite qu'ils devoient tenir pour prouver leur fidélité : ces gentilshommes s'assemblèrent pour délibérer sur ce sujet, et le résultat de cette délibération fut qu'on feroit paroître sur le rivage une troupe un peu nombreuse, dont une partie inviteroit, par signes, les gens de *Perkin* à débarquer, et feroient mine de vouloir se joindre à eux, tandis que le gros de la troupe se retireroit dans l'intérieur, et feroit semblant de fuir; toutes dispositions dont le but étoit d'engager *Perkin* lui-même à débarquer avec toutes ses troupes. Mais cet imposteur qui, jouant depuis si peu de temps le rôle de roi, sembloit savoir déja son métier, ou à qui *Frion*, son secrétaire, pouvoit avoir appris que des troupes disciplinées commencent par se rassembler et se mettre en rang, puis marchent en bon ordre; au lieu que des rebelles marchent sans ordre, presque sans chefs, et en jetant de grands cris : voyant, dis-je, que ceux-ci marchoient sans bruit et sans confusion, commença à se défier de leurs intentions, et à mal augurer de sa descente. En conséquence, cet homme rusé refusa de descendre à terre, avant de s'être bien assuré qu'il le pourroit faire en toute sûreté; et les troupes du roi voyant qu'elles ne pouvoient plus en attirer d'autres, attaquèrent brusquement ceux qui étoient déja débarqués. Une partie des rebelles fut taillée en pièces; d'autres s'échappèrent, et cent cinquante furent faits prisonniers. Le roi persuadé que la méthode ordinaire de punir un petit nombre de rebelles, pour servir d'exemple aux autres, ne devoit être appliquée qu'à des troupes réglées, jugea que le plus sûr étoit de se défaire de tous ces misérables, sur-tout au commencement d'une révolte; qu'un traitement si rigoureux éloigneroit de *Perkin* les gens d'honneur, et qu'il n'y auroit plus que des hommes de cette trempe qui voulussent s'enrôler au service de cet imposteur. En conséquence, il se décida à les faire pendre tous, pour imprimer plus de terreur aux autres. Ils furent amenés à *Londres*, tous liés deux à deux, comme des chevaux attelés à une voiture, et exécutés, les uns, dans cette capitale même; les autres, sur les côtes des *comtés* de *Kent*, de *Sussex* et de *Norfolk*, où leurs corps servirent comme de *balises*, pour éloigner des rivages de l'Angleterre tous les adhérens de *Perkin*. A la première nouvelle de cette tentative des rebelles sur le *comté de Kent*, le roi fut d'abord tenté de revenir sur ses pas ; mais, ayant appris, le lendemain, qu'ils avoient été en partie défaits, et en partie mis en fuite ou faits prisonniers, il continua sa route, et se contenta d'envoyer, dans le pays de *Kent, Richard Guilfford*, avec ordre de donner les plus grands éloges aux habitans de ce comté, et de les louer non-seulement d'être demeurés dans le devoir, mais d'avoir même prêté leur secours avec autant d'intelligence que de courage et d'activité. Conformément à ces ordres, *Guilford* assembla les habitans du *comté de Kent*, leur fit un remerciement général de la part du roi, en leur témoignant combien ce prince avoit été sensible aux preuves qu'ils venoient de lui donner de leur fidélité, et promit des récompenses à ceux d'entre eux qui s'étoient distingués dans cette occasion.

Le 16 de novembre, et la onzième année du règne de *Henri*, l'élection des *sergens de loi* se fit dans le palais de l'évêque d'*Ely*. On y élut neuf nouveaux membres. Le roi honora cette élection de sa présence, avec la reine son épouse; ce prince étant dans l'habitude de caresser, d'honorer et d'avancer les gens de loi, afin de gouverner plus aisément ses sujets, par le moyen des loix, et les loix mêmes, par le moyen de ces jurisconsultes (1).

Cette même année, le roi se joignit à cette grande confédération que les princes d'Italie avoient formée pour leur dé-

---

(1) La première chose que doive faire un usurpateur qui ne veut pas attendre que le temps ait légitimé son usurpation, c'est de gagner *les gens de guerre, les gens de loi, les gens d'église et les gens de lettres.* Quant au *peuple,* il est *tout* dans le *droit,* et *rien* dans le *fait :* comme il croit ces gens-là sur leur parole, ils n'ont pas de peine à le vendre au plus fort, et à lui faire regarder, au bout de quelques semaines, l'*obéissance* comme un *devoir.*

fense commune. *Charles VIII* avoit déja conquis le royaume de *Naples*, et l'avoit perdu un instant après. Il avoit parcouru l'Italie dans toute sa longueur, sans trouver de résistance ; ce qui justifia d'avance ce mot du pape *Alexandre VI : que les Français étoient venus en Italie la craie à la main, comme pour marquer leurs étapes, et non l'épée au poing, pour combattre :* ce prince avoit en effet conquis tout le royaume de *Naples*, sans tirer l'épée. Mais bientôt après, il fit un si grand nombre de fautes inexcusables, que les plus grands succès n'auroient pas suffi pour les réparer. En premier lieu, il ne sut pas attirer à ses intérêts les seigneurs napolitains attachés au parti de la maison d'*Anjou;* mais il prodigua les faveurs et les récompenses suivant les vues et l'intérêt des conseillers mercenaires qui étoient auprès de lui, et qui le gouvernoient. 2°. Il souleva contre lui toute l'*Italie*, en gardant la ville d'*Ostie*, dont il s'étoit emparé, ainsi qu'en accordant sa protection aux

Pisans, et en s'engageant à défendre leur liberté ; ce qui inspira de la défiance aux princes souverains d'Italie, et leur fit craindre que l'ambition de ce prince ne se contentât pas du royaume de *Naples,* et qu'il ne méditât d'autres conquêtes. 3°. Il rompit trop tôt et trop aisément avec *Louis Sforce,* qui étoit comme le *portier de l'Italie,* et qui, après lui en avoir ouvert la porte, la lui ferma, en aidant même à le chasser de cette contrée. 4°. Il s'éloigna du royaume de *Naples,* avant d'y avoir entièrement terminé la guerre, dont il négligea imprudemment les restes. Enfin, la facilité même avec laquelle il avoit pénétré jusqu'aux extrémités de l'Italie, lui inspira trop de mépris pour les forces militaires de cette contrée, et il laissa si peu de troupes dans le royaume de *Naples,* que leur petit nombre les livra, pour ainsi dire, aux Italiens : en sorte que, fort peu de temps après le retour de ce prince dans ses états, tout le royaume de *Naples* s'étant révolté en faveur du *jeune Ferdinand*, les Français en furent chassés. *Charles*, à cette nouvelle, ayant fait de grandes menaces et des préparatifs formidables pour une nouvelle expédition dans ce royaume, il se forma, par les pressantes sollicitations de la plupart des puissances d'Italie, sur-tout du pape *Alexandre*, une immense confédération, composée d'abord du *pape* même; de *Maximilien*, *roi des Romains*; de *Henri, roi d'Angleterre*; de *Ferdinand* et d'*Isabelle* (*roi et reine d'Espagne*); d'*Auguste Barbadic, doge de Venise*, et de *Ludovic Sforce, duc de Milan*; car tels étoient les seuls noms inscrits sur l'original de ce traité : cette confédération ayant pour objet la défense de leurs états respectifs. Mais, quoique *Ferdinand-le-Jeune* ne fût point nommé dans ce traité, le royaume de *Naples* ne laissoit pas d'y être compris à titre de *fief relevant du St.-Siège*.

Ce fut dans cette même année que *Cécile, duchesse d'Yorck*, et mère d'*Edouard IV*, termina sa carrière, dans son château de *Barkhamsted*, à un âge très avancé. Elle avoit vécu assez long-temps pour voir quatre de ses descendans tués, et trois couronnés : elle fut ensevelie à *Foderingham*, près du duc son époux.

Cette même année, le roi convoqua le parlement. Durant cette session, on établit un grand nombre de loix qui, n'étant que des réglemens particuliers, et n'ayant rien de très important, méritent à peine de trouver place dans une histoire de la nature de celle-ci ; et même pour peu qu'on examine la conduite que le roi tint dans la suite, on est tenté de soupçonner que ce prince, qui sut établir ou suggérer des loix très salutaires, s'étoit secrètement proposé d'en tirer un double fruit, de s'en prévaloir, dis-je, autant pour *remplir ses coffres,* que pour rétablir l'ordre dans ses états, et que, dans cette vue, il les multiplia excessivement.

La plus remarquable de ces loix avoit je ne sais quoi d'étrange ; elle sembloit, à la première vue, plus conforme aux règles de l'*équité naturelle*, qu'à celles du *droit positif*, et plutôt dictée par une certaine grandeur d'ame, que par la prudence. Elle portoit que tous ceux qui auroient suivi le parti du prince régnant et actuellement en possession du trône, ne pourroient être accusés, poursuivis ou condamnés pour ce sujet, ni par la voie des tribunaux ordinaires, ni par un acte du parlement, et qu'à l'avenir tout acte de condamnation de cette espèce, passé dans cette assemblée, seroit nul de plein droit. Cette loi avoit pour principal fondement, cette sage considération : *qu'il importe à la tranquillité de tout état, d'empêcher que les sujets ne se mêlent de discuter les droits du prince régnant;* sans compter que, suivant les loix de la conscience et les règles de l'équité, *il ne paroît pas juste que des sujets soumis à l'autorité établie, soient exposés à porter la peine de leur obéissance même; et qu'ils doivent jouir d'une parfaite sécurité à cet égard, quel que puisse être, par la suite, le parti prédominant* (1). L'esprit de cette loi avoit je ne sais quoi de religieux, de magnanime et d'élevé; car elle statuoit, par rapport à la guerre, ce que *David* demanda relativement à la *peste : Grand Dieu! si j'ai péché, ne frappe que moi; mais ces brebis, qu'ont-elles fait ?* Cette loi produisoit un autre effet non moins avantageux, quoique moins facile à appercevoir; en quoi elle étoit vraiment digne d'un prince d'une prudence consommée, et qui savoit étendre sa vue dans l'avenir. Comme elle déclaroit à tous les sujets qu'ils n'auroient rien à craindre, quelle que fût l'issue des querelles excitées pour la couronne, ils n'avoient plus aucun motif pour discuter les titres du roi. De plus, elle étoit d'autant plus propre pour lui concilier l'af-

---

(1) Le lecteur doit se rappeller que *Henri VII* avoit fait condamner, par un acte du parlement, plusieurs seigneurs dont tout le crime étoit d'avoir obéi à *Richard III*, prince régnant.

fection des sujets, qu'il sembloit y être plus occupé de leur sûreté que de la sienne propre. D'un autre côté, son principal inconvénient étoit d'ôter à ses soldats le plus fort de tous les liens et le plus puissant aiguillon, celui même de cette nécessité où, sans une telle loi, ils auroient été, et qui ne leur auroit point laissé de milieu entre la mort et la victoire ; car, soit qu'ils eussent combattu avec courage, soit qu'ils eussent tourné le dos, ils n'avoient rien à craindre pour leur vie, ni pour leur fortune. Quant à la seconde partie de cette loi, elle étoit tout-à-fait inutile et illusoire : quel est le prince qui peut se flatter que la loi qu'il établit, empêchera ses successeurs d'en établir une diamétralement opposée ? L'autorité souveraine ne peut se donner des liens à elle-même : il est impossible de fixer ce qui, de sa nature, est variable, et de rendre irrévocable ce qui est facile à révoquer. C'est à peu près comme si un particulier déclaroit, dans un premier testament, qu'il annulle d'avance tous ceux qu'il pourra faire par la suite. Mais, d'ailleurs, s'il restoit encore quelque doute sur l'inutilité de cette clause de l'acte du parlement, on en trouveroit un exemple et une preuve sous le règne de Henri VIII, son fils et son successeur. Ce prince, considérant qu'il pouvoit mourir durant la minorité de son fils, fit passer un acte portant qu'aucun bill passé durant la minorité du roi, n'auroit force de loi, et ne pourroit lier ni lui, ni ses successeurs, à moins qu'il n'eût été confirmé sous le grand sceau d'Angleterre, lorsque ce prince seroit parvenu à la majorité. Mais le premier bill qui fut passé sous le règne d'*Edouard VI*, alors mineur, abrogea celui de *Henri VIII*. Cependant tel bill ou tel édit qui ne peut, absolument parlant, avoir force de loi, peut servir, dans certaines circonstances, à contenter le peuple et à tranquilliser les esprits.

On passa un autre *bill*, pour assurer le paiement de ce genre de contribution que le roi avoit exigée sous le nom de *bénévolence* ou de *don gratuit*. Ce bill portoit que toute personne qui n'auroit pas encore payé la somme à laquelle elle auroit consenti, pourroit y être contrainte par voie juridique; bill dont le double effet fut de hâter le paiement des arrérages, et d'appuyer de l'autorité parlementaire ce genre d'imposition : on prétendit que cette loi avoit été établie à l'instigation de ceux qui avoient déja payé.

Durant cette même session, fut établie la loi qui introduisit cette *forme d'acte judiciaire*, qu'on appelle en Angleterre *bref d'atteinte* (1), et en vertu duquel les jugemens rendus par les jurés peuvent être annullés, lorsqu'il y a erreur ; jugemens qui, avant cette époque, étoient tout-à-fait irrévocables, et regardés

---

(1) Qu'il ne faut pas confondre avec les *bills d'atteinder*, dont j'ignore la véritable destination, mais dont je connois fort bien l'effet ; car je vois dans l'histoire d'Angleterre que la chambre des communes assassine, à l'aide d'un tel bill, les accusés qu'elle n'a pu tuer juridiquement.

comme une sorte d'*évangile* : on ne l'étendit pas jusqu'aux *causes capitales*, soit parce que, dans les procès de cette nature, la poursuite se fait *à la requête du roi*, soit parce que, dans le cas où l'on procède par voie d'*indictment* (et c'est un de ceux où l'on poursuit le délit *au nom du roi*, qui alors est *la partie publique*), il y a deux jugemens (appellés *veredicta*) ; savoir, celui qui décide la question de *fait*, et celui qui décide la question de *droit* : mais alors ce ne sont plus seulement douze personnes, mais vingt-quatre qui prononcent dans les causes de cette nature. Cependant ce ne fut pas le seul motif qui empêcha d'étendre cette loi aux causes capitales ; attendu que, dans les causes de cette espèce où la poursuite se fait *au nom de la partie lésée*, ce motif ne peut avoir lieu ; mais on craignoit que, dans les causes capitales, les jurés ne prononçassent avec trop de timidité, s'ils se voyoient exposés à des révisions et à de nouveaux procès, durant lesquels les ordonnances ou l'opinion publique tendant à la décharge de l'accusé, les chargeroient eux-mêmes (1). Elle ne s'étendoit pas non plus à aucun procès, où la demande fût au-dessous de 40 liv. (sterlings, un peu moins de quarante louis); car alors les frais auroient excédé de beaucoup la somme redemandée.

On passa aussi un bill pour punir l'ingratitude des femmes qui, après des donations de terres (ou autres biens) faites, soit par leurs maris, soit par les parens ou alliés de ces époux, les auroient

---

(1) Cette loi nous paroît très inconséquente; car elle supposoit que les jurés pouvoient se tromper, et soumettoit leur jugement à une révision, afin qu'on pût réparer cette erreur: mais, s'ils pouvoient se tromper en matière civile, à plus forte raison pouvoient-ils se tromper en *matière criminelle*, où les délinquans proportionnent leurs ruses et leurs précautions aux risques qu'ils courent; et comme les erreurs de cette dernière espèce sont beaucoup plus importantes, il étoit beaucoup plus nécessaire de se ménager un moyen pour les corriger.

aliénées au préjudice des héritiers, ou de ceux auxquels ces terres devoient revenir après leur mort. La loi, pour prévenir cet abus, donna pouvoir au plus proche héritier d'y rentrer par *retrait lignager*, avant la mort de la femme.

On passa aussi un bill plein d'humanité, en faveur des sujets nécessiteux (1). Cette loi leur accordoit la justice distributive *in formâ pauperis*, c'est-à-dire, en leur épargnant tous les frais de procédure ; et *dès-lors les pauvres n'ayant plus besoin d'argent pour plaider, ne manquèrent pas de vexer les gens plus aisés par une infinité de procès*. On passa d'autres bills également sages et salutaires, comme nous l'avons dit, mais nous avons cru ne devoir faire ici mention que des plus importans.

---

(1) Lorsque les pauvres ont besoin d'argent pour plaider, ils sont vexés par les riches ; et lorsqu'ils peuvent plaider gratis, ils les vexent ; car il n'y a pas de milieu. Or, les pauvres composent le genre humain ; et la pluralité doit être préférée.

Quoique le roi, qui sembloit être uniquement occupé des affaires du parlement et des bills à passer, comme s'il eût joui de la paix la plus profonde, voulût paroître dédaigner l'entreprise de Perkin, et ne la regarder que comme un badinage; néanmoins ce prince, qui n'étoit pas moins vigilant au dedans que courageux au dehors, ne perdoit point de vue cet aventurier. Il donna des ordres pour qu'on tînt allumés et gardés les fanaux le long des côtes, et qu'on en allumât de nouveaux dans les lieux où ils se trouvoient trop éloignés les uns des autres : pour lui, il se tint sur ses gardes, prêt à se porter vers le point que cette troupe errante attaqueroit. Mais *Perkin* avoit pris une autre route ; ses amis lui ayant conseillé d'aller souffler le feu de la révolte dans le lieu même où il s'étoit d'abord allumé, il fit voile une seconde fois pour l'*Irlande,* où il retourna d'autant plus volontiers, que ce n'étoit ni l'opposition déclarée, ni l'indifférence des habitans qui l'avoient porté à s'en éloigner, mais la seule invitation du roi de France. Cependant la vigilance du roi, la prudence de *Poynings*, et le temps même, y avoient tellement comprimé et refroidi les séditieux, que *Perkin* n'y trouva plus d'autres partisans que quelques sauvages demi-nus et indisciplinés. En conséquence, ceux qui le dirigeoient, lui conseillèrent d'aller implorer le secours du *roi d'Écosse*, prince encore jeune, distingué par son courage, aussi agréable au peuple qu'aux grands, et très indisposé contre *Henri*. Ce fut aussi vers ce même temps que *Maximilien* et *Charles* commencèrent à devenir ennemis de *Henri*. Le premier de ces deux princes ayant été choqué de l'édit par lequel le *roi d'Angleterre* avoit interdit à ses sujets tout commerce avec les Flamands; et l'autre se défiant de lui, à cause de la ligue défensive qu'il avoit conclue avec les puissances d'Italie. Aussi *Perkin*, outre les secours de la *duchesse de Bourgogne* qui le soutenoit ouvertement, et n'épargnoit rien pour le faire réussir, se sentoit encore appuyé de ces deux princes qui le favorisoient sous main : on prétendoit même qu'ils l'avoient secrètement recommandé au *roi d'Ecosse*.

Perkin, encouragé par cette triple protection, ne balança pas à faire voile vers l'*Ecosse*; et dès qu'il fut débarqué, il se rendit à la cour avec une suite décente. Le roi lui fit une réception honorable, et lui donna même une audience solemnelle en présence des plus grands seigneurs de sa cour. *Perkin,* admis en présence de ce prince, s'approcha d'abord de lui, et s'étant baissé comme pour l'embrasser, fit ensuite quelques pas en arrière; puis, d'un ton assez élevé, pour que toute l'assemblée pût l'entendre distinctement, il parla en ces termes:

« Généreux et puissant monarque, et vous barons ici présens, daignez prêter une oreille attentive et favorable au récit des infortunes d'un jeune prince qui devroit porter une couronne; mais qui, par l'injustice de la fortune, a été traîné de malheurs en malheurs, et de contrées en contrées. Celui qui se présente à vos yeux est ce même *Plantagenet*, qui de son berceau a été jeté dans un asyle; de cet asyle dans une affreuse prison; de cette prison entre les mains des bourreaux; et de ces cruelles mains, dans un désert. Car un prince qui, étant né pour régner sur de vastes états, ne possède pas un pouce de terre où il puisse porter un pied assuré, sinon ce lieu même où un monarque généreux daigne actuellement le souffrir; ce prince infortuné, dis-je, n'a-t-il pas droit de regarder le monde entier comme une vaste solitude? *Edouard IV, roi d'Angleterre,* comme votre majesté ne peut l'ignorer, laissa, en mourant, deux fils; le prince *Edouard,* et *Richard, duc d'Yorck,* tous deux dans l'âge le plus tendre. *Edouard* lui succéda sous le nom d'*Edouard V;* mais *Richard, duc de Glocester,* leur oncle, pour s'emparer du trône et s'y affermir ensuite, résolut de faire égorger ces deux princes, et choisit, pour l'exécution de cet horrible dessein, un homme dont il se croyoit sûr; ce scélérat, après avoir égorgé *Edouard,* qui étoit l'aîné, ayant horreur de ce premier forfait, ou déterminé par d'autres motifs sur lesquels je dois garder le silence, épargna *Richard.* Cependant, en faisant son rapport au tyran, il lui fit entendre qu'il avoit complètement exécuté ses ordres, et avoit mis à mort les deux princes; relation à laquelle *Richard* ajouta foi; et la nouvelle de leur mort ayant été confirmée par des déclarations publiques, toute la nation jusqu'ici a cru qu'aucun de ces deux princes n'avoit été épargné. Mais la vérité laisse toujours quelques traces qui se font appercevoir tôt ou tard, et qui aident à la découvrir toute entière : c'est ce qui est arrivé, en cette occasion, par rapport à moi. Ce Dieu tout-puissant qui dispose de nos destinées, qui ferma la gueule aux lions (auxquels le prophète Daniël avoit été exposé), qui garantit le petit *Joas* de la tyrannie d'*Athalie,* lorsqu'elle fit massacrer tous les enfans du dernier roi, qui enfin sauva *Isaac,* au moment même où *Abraham* avoit le bras levé pour immoler ce fils unique ; ce grand Etre, dis-je, a conservé le plus jeune des deux princes. Or, ce *Richard, duc d'Yorck,* frère puîné de l'infortuné *Edouard V,* et légitime héritier d'*Edouard IV,* roi d'Angleterre, c'est le prince même qui vous parle en ce moment, et qui implore votre secours. Quant aux moyens qui ont pu être employés pour me tirer de ma captivité, et aux personnes qui ont facilité ma délivrance, c'est un point sur lequel je dois m'imposer silence, ou que je ne dois éclaircir qu'en secret, de peur de livrer à la fureur du tyran ceux d'entre mes libérateurs qui sont encore vivans, ou d'exposer à quelque affront la mémoire de ceux qui ont déja terminé leur carrière. Il me suffit de dire que j'avois alors pour appui une mère qui avoit été reine, et qui s'attendoit de jour en jour à quelque attentat de cette nature de la part du tyran. Ainsi ayant été épargné, graces à la bonté divine, je quittai Londres, et je passai sur le continent. Celui auquel j'avois été confié, m'y accompagna pendant quelque temps; mais ensuite, ayant changé de dispositions à mon égard, soit par pure inconstance, soit par de nouvelles craintes, soit enfin par les offres de mes ennemis, il m'abandonna tout-à-coup. Alors je me vis réduit à errer de contrée en contrée, et à m'abaisser à des occupations indignes de moi, pour gagner ma subsistance. Je fus bientôt las d'une telle vie; craignant toujours d'être découvert et livré au tyran; et d'ailleurs, honteux de vivre encore dans une situation si humiliante, je résolus donc d'attendre seulement jusqu'à la mort du tyran, et de me réfugier alors auprès de ma sœur, l'héritière la plus proche du trône. Mais, vers le même temps, un certain *Tydder* (*Tudor*), fils d'*Edmond Tidder*, *comte de Richemond*, quitta la France où il étoit retiré depuis long-temps, débarqua en Angleterre, et, par les plus honteux artifices, parvint à s'emparer de la couronne qui m'appartenoit de droit(1); en sorte que ma situation n'en devint pas meilleure, et que je ne fis alors que changer de tyran et d'ennemi. Dès que ce même *Henri* a eu appris que j'étois encore vivant, il n'a cessé de tramer des complots pour me perdre, et s'est efforcé de faire illusion au monde entier, en soutenant avec impudence que je n'étois qu'un imposteur et un aventurier. Mais de plus, pour me fermer tout retour en *Angleterre*, il a offert de grosses sommes aux princes qui m'avoient donné un asyle, ou du moins à leurs ministres, pour les engager à me livrer; il a pratiqué mes amis les plus intimes et mes serviteurs les plus fidèles, pour les exciter, soit à m'empoisonner, soit à me faire périr d'une manière quelconque, soit à trahir

---

(1) Ce discours est absurde: la couronne ne lui appartenoit pas, puisque sa sœur, comme il vient de l'avouer lui-même, le précédoit dans la succession; mais il n'est pas étonnant qu'un menteur se démente lui-même.

ma cause, et à abandonner mon service, comme l'a déja fait, entre autres, *Robert Clifford*. Il n'est point de mortel judicieux qui, après de mûres réflexions sur une telle conduite, ne comprenne aussi-tôt que *Henri* n'auroit pas prodigué de si grosses sommes, employé tant d'agens, et tramé tant de complots pour me perdre, s'il m'eût regardé comme un imposteur; heureusement la justice de ma cause est si évidente, et a tellement frappé tous les esprits, qu'elle a déterminé le *roi de France,* qualifié à si juste titre de *roi très chrétien*, et l'illustre *duchesse de Bourgogne,* ma tante chérie, non-seulement à me reconnoître, mais à me secourir efficacement, avec cette générosité qui les caractérise. Mais aujourd'hui tout nous porte à croire que la divine providence a voulu, pour l'avantage commun de tous les habitans de cette île, et pour unir plus étroitement les deux puissans royaumes d'*Angleterre* et d'*Ecosse* (union qu'un si grand bienfait ne peut que resserrer), qu'elle a voulu, dis-je, que je dusse mon rétablissement sur le trône d'*Angleterre* aux armes et à la puissante protection de votre majesté : ce ne sera pas la première fois qu'un *roi d'Angleterre*, dépouillé de sa couronne, se sera vu rétabli par un ROI D'ÉCOSSE, et c'est ce dont nous trouvons un exemple assez récent en la personne même de *Henri VI* (1). Ainsi, votre majesté, ayant déja montré, par mille preuves éclatantes, qu'elle ne le cède point à ses ancêtres en générosité, elle ne doit pas être étonnée qu'un prince, maltraité par la fortune, vienne lui confier sa personne et ses destinées, guidé, en quelque manière, par une main divine. Tels sont les sentimens et les motifs qui m'encouragent à implorer votre secours pour recouvrer ma couronne ; promettant, de mon côté, de me conduire envers votre majesté de manière

---

(1) C'est une erreur ; Henri VI fut poignardé dans la tour de Londres, en 1741, par le duc de Glocester.

qu'elle trouvera toujours en moi le frère le plus tendre, et de ne rien épargner, après mon rétablissement sur le trône d'Angleterre, pour m'acquitter de l'obligation que m'aura fait contracter un si grand bienfait. »

Le *roi d'Ecosse* témoigna que le discours de *Perkin* lui étoit agréable, et lui répondit avec autant de prudence que de générosité, que, quel qu'il pût être, il ne se repentiroit jamais de s'être mis entre ses mains. Dès ce moment, quoiqu'il y eût à la cour assez de gens qui s'efforçassent de persuader au roi que tout ce récit n'étoit qu'imposture, néanmoins ce prince séduit par les manières insinuantes de *Perkin*, ou ayant égard à la recommandation des princes du continent, ou enfin saisissant avec joie un prétexte pour faire la guerre à *Henri*, traita ce jeune homme, en toute occasion, comme il auroit traité le vrai *duc d'Yorck*, et lui donna le train convenable au rang qu'il lui supposoit. Il fit plus ; afin que personne ne pût douter qu'il le regardoit comme un grand prince, et non comme un aventurier, il lui donna en mariage *Catherine Gordon*, fille du *comte de Gordon*, jeune personne aussi vertueuse que belle, et sa proche parente.

Peu de temps après, le *roi d'Ecosse* en personne, et accompagné de *Perkin*, fit une incursion dans le *Northumberland*, à la tête d'une armée assez nombreuse, mais composée de troupes levées à la hâte sur les frontières. Dès qu'ils furent entrés en *Angleterre*, *Perkin*, pour faciliter l'expédition, en se conciliant l'affection des habitans de ces provinces septentrionales, publia le manifeste suivant, où il prenoit le nom et le titre de *Richard, duc d'Yorck*, et de légitime héritier de la couronne *d'Angleterre*.

« (1) En vertu des augustes décrets du

---

(1) L'original de ce manifeste se trouve déposé dans la bibliothèque de *sir Robert Cotton*, illustre conservateur du trésor des plus rares antiquités, qui nous a procuré de précieux documens pour

Tout-puissant, qui abaisse les puissances de ce monde, élève les humbles, et ne trompe jamais l'espérance des justes, nous nous voyons en état de paroître armés devant nos sujets d'Angleterre, pour défendre nos droits; mais quoique nous nous présentions à leurs yeux les armes à la main, notre dessein n'est rien moins que de leur nuire et de leur faire une véritable guerre, sinon autant qu'il sera

---

la composition de cette histoire (cette note paroît être de l'auteur même); et c'est la seule qu'il ait mise dans cette vaste collection; son usage, comme celui des anciens, étant de mettre en parenthèses les observations et les avertissemens que nous mettons en notes. Au reste, ce style attribué à *Perkin* ressemble fort à celui de Bacon, qui, à l'exemple de *Thucydide*, de *Xénophon*, de *Tite-Live*, de *Quinte-Curce*, etc. prête aux personnages dont il décrit les actions, son propre esprit, au lieu de leur laisser celui qu'ils tenoient de la nature ou de l'éducation, comme un historien doit le faire; car, dans l'histoire, il ne s'agit pas de savoir ce qu'auroient dû dire ou faire les personnages mis en action, mais ce qu'ils ont réellement dit ou fait.

nécessaire pour nous délivrer de la tyrannie et de l'oppression, en les en délivrant eux-mêmes ; car *Henri Tudor*, notre ennemi mortel, et usurpateur du trône d'Angleterre, qui nous est dévolu par le droit naturel et héréditaire, ne connoissant que trop lui-même nos droits à la couronne, et n'ignorant pas que nous sommes le véritable *Richard IV, roi d'Angleterre*, à titre d'héritier direct et légitime du glorieux *Edouard IV* (pénultième roi), ne s'est pas contenté de nous chasser de ce trône qui nous appartient, mais de plus s'est rendu coupable de haute trahison envers nous, en attentant à notre vie même. Si sa tyrannie n'eût attaqué que notre personne, quoique ce sang royal qui coule dans nos veines, doive augmenter en nous le sentiment des injures, nous aurions peut-être sacrifié notre ressentiment, et enduré ses insultes multipliées ; mais ce sont nos sujets mêmes qu'il attaque sans cesse ; et ce *Tudor* qui se vante d'avoir renversé un tyran, ne fait lui-même, depuis le premier instant de son usurpation, qu'exercer la plus cruelle tyrannie sur nos sujets.

« L'ambition aveugla sans doute *Richard, duc de Glocester,* notre barbare ennemi, et il s'éleva au trône par d'affreux moyens ; mais du moins en toute autre chose, et dans la manière dont il exerça ce pouvoir usurpé, il se montra digne de l'illustre race des *Plantagenet;* il fut jaloux de conserver l'honneur de la nation angloise, et respecta les priviléges de la noblesse et du peuple. Dans les sages loix qu'il établit, il eut en vue la sûreté et le bonheur de ses sujets. Il n'en est pas de même de ce dernier usurpateur, le mortel ennemi de tous les hommes d'une illustre naissance, et par conséquent le nôtre : la bassesse de sa conduite a égalé celle de son extraction ; ce vil marchand a imprimé une tache au nom de cette grande nation, en vendant à deniers comptans nos plus fidèles alliés, en trafiquant du sang, de la fortune et de l'honneur de tous nos sujets, soit nobles, soit roturiers, en les abusant par de feintes guerres, et par des paix honteuses; le tout pour remplir ses coffres, et assouvir son insatiable cupidité.

« Et son odieuse administration dans l'intérieur n'a pas moins répondu à ses basses inclinations que ses déportemens au dehors; pour s'affermir sur ce trône usurpé, il a employé des moyens aussi cruels que sa cause étoit injuste; il a commencé par se défaire de tous les seigneurs qui lui étoient suspects, et les a fait égorger, sous différens prétextes, entre autres *sir Guillaume Stanley*, notre parent, et *grand chambellan d'Angleterre, Simon de Montford, Robert Ratcliff, Guillaume d'Aubeney, Homfroi Stafford*, et une infinité d'autres : sans parler de ceux qu'il a forcés de racheter leur vie et leur sang par d'exorbitantes compositions, et dont la plupart aujourd'hui même sont réduits à vivre dans des asyles. Il a de plus confiné et retient encore dans une affreuse prison notre bien-aimé cousin *Edouard*, le fils et l'héritier du *duc de Clarence*, avec beaucoup d'autres. Il les a tous mis, par une entière spoliation, hors d'état de m'aider à défendre mes droits, et de combattre pour ma juste cause, ce qu'ils auroient été obligés de faire, comme étant mes *feudataires*. S'il reste encore quelque personnage d'une illustre naissance, qui aime la patrie, et qui soit en état de la servir, il l'éloigne des affaires et de sa personne, dont il ne laisse approcher que le rebut de la nation ; car enfin quels sont aujourd'hui ses confidens et ses conseillers les plus intimes ? ce sont *l'évêque Fox, Smith, Bray, Lovel, Olivier King, David Owen, Riseley, Turburville, Tiler, Colmey, Empson, Jacques Howart, Jean Cutt, Garth, Henri Wiat;* voilà ceux qu'il a jugés dignes de sa confiance: tous hommes que leurs funestes talens pour piller les provinces, et pomper la substance des peuples, a faits ses conseillers, ses ministres et ses amis ; odieuses et méprisables sources de ces calamités sans nombre dont l'Angleterre est aujourd'hui affligée et comme inondée.

« A ces causes, et considérant de plus tous ces autres forfaits que ne cessent de commettre ce *Tudor* et ses complices, en violant les *privilèges, prérogatives, libertés, franchises et immunités* de la sainte église, notre mère commune (1), sous des prétextes mondains, et sentant l'homme abruti par ses passions, au mépris de toute religion et de la souveraine indignation du Tout-puissant : sans parler de cette multitude immense de *trahisons*, d'*assassinats*, de *meurtres*, de *concussions*, d'*extorsions*, de moyens odieux, imaginés pour *piller* et *épuiser* notre peuple chéri, tels que *dîmes, tailles, bénévolences (dons gratuits)*, taxes et autres genres d'*impositions arbitraires et illégales,* tendantes à opérer

---

(1) Je prie le lecteur de remarquer cette phrase : voilà encore un fripon qui flatte la sainte église, et qui tâche de gagner l'huile sainte dont il voudroit se faire enduire.

en peu d'années la ruine et la désolation entière de ce royaume ; nous, légitime roi d'Angleterre, par la grace de Dieu, assistés des princes de notre sang et autres grands de nos états, et des avis de nos plus sages conseillers, voulons et entendons que tous nos sujets jouissent en toute sûreté des fruits de leur travail et de leur industrie ; que le commerce intérieur et extérieur de nos états s'exerce avec une entière liberté, au plus grand avantage de toute la nation. A ces causes, nous ordonnons que les susdites *taxes, dîmes, tailles, bénévolences* et autres *impositions illégales et arbitraires* soient supprimées et abolies à perpétuité, sinon dans les cas où les rois d'Angleterre, nos illustres prédécesseurs, ont de tout temps levé des subsides et des contributions sur leurs fidèles sujets ou feudataires.

« Et afin que le contenu de cette déclaration ait son entier et plein effet, nous, de notre grace et faveur spéciale, octroyons, par les présentes, à tous nos sujets un pardon absolu, et une abolition entière de tous les attentats et délits qu'ils auroient pu commettre par le passé contre notre personne ou contre notre couronne, en soutenant les intérêts de notre ennemi capital, par lequel nous n'ignorons pas qu'ils ont été séduits, abusés ou intimidés; mais sous condition qu'au temps convenable ils seront venus implorer notre clémence et nous prêter le serment de fidélité; promettons de plus à tous ceux qui se porteront des premiers, et avec le plus de zèle, à la défense de notre très juste cause, de leur faire ressentir les effets de notre faveur et munificence royale, et d'étendre ces effets, non-seulement sur leurs personnes, mais même sur celles de leurs parens et descendans; promettant aussi, par ces présentes, d'employer tous les moyens que Dieu daignera nous mettre en main pour le soulagement et l'avantage de tous nos sujets, de quelque condition, ordre, grade et profession qu'ils puissent être; nous nous engageons encore à maintenir et conserver dans leur intégrité toutes les franchises, libertés et immunités de la sainte église, ainsi qu'à garantir les privilèges, distinctions et prérogatives de la noblesse, de toutes atteintes semblables à celles qu'elles ont reçues dans ces derniers temps; nous promettons enfin de décharger nos peuples de tous ces fardeaux dont ils sont accablés, et de confirmer toutes les chartes, franchises, libertés et immunités de nos cités, villes, bourgs, villages, et de leur donner même plus d'extension, s'ils s'en rendent dignes. En un mot, nous n'épargnerons aucun moyen pour témoigner, en toute occasion, à nos sujets bien-aimés le desir sincère que nous avons de faire revivre en notre personne ce gouvernement, aussi juste que paisible et modéré, par lequel *Edouard IV*, notre prédécesseur, de glorieuse mémoire, les rendit heureux, et mérita leur amour dans les dernières années de son règne. Or, comme la *mort ou la captivité de notre ennemi mortel* peut épargner à l'Angleterre une grande effusion de sang dont il pourroit être cause, en attirant à lui, par ses promesses ou ses menaces, un grand nombre de nos sujets, s'il restoit maître de le faire, sang précieux que nous voulons épargner; étant d'ailleurs bien informés qu'il se prépare déja à prendre la fuite, et à se retirer sur le continent, après y avoir fait passer de longue main d'immenses trésors appartenant à la couronne, pour vivre plus splendidement dans son exil, nous promettons à toute personne, de quelque condition qu'elle puisse être, qui pourra se saisir de cet ennemi commun, ou en délivrer nos sujets d'une manière quelconque, une somme de *mille livres sterlings* qui lui sera comptée sur-le-champ, et une pension annuelle de *cent marcs d'argent*, pour lui et ses descendans, à perpétuité; sans compter qu'elle se rendra agréable à Dieu et à tous nos fidèles sujets, en délivrant l'Angleterre de la tyrannie de cet usurpateur. Enfin, nous déclarons à tous nos sujets (prenant

Dieu à témoin de cette déclaration) que la bonté divine ayant daigné toucher le cœur de notre parent bien-aimé le roi d'Ecosse, au point de le porter à défendre en personne notre juste cause, cependant aucune espèce de traité, de convention ou de promesse de notre part, qui puisse être préjudiciable à notre couronne ou à nos sujets, n'a contribué à l'y déterminer, qu'au contraire ce prince nous a promis, sur sa foi et sa parole royale, que dès l'instant où il nous verroit des forces suffisantes pour pouvoir par nous-mêmes abattre notre ennemi, situation où nous espérons être bientôt, il rentrera paisiblement dans ses états, content de la seule gloire attachée à une si généreuse assistance, et de notre sincère affection; sentiment que nous ne témoignerons que par des actions et des mesures qui puissent tourner à l'avantage commun des deux royaumes. »

Telles furent la substance et les expressions formelles du manifeste de *Perkin*. Il produisit très peu d'effet sur les

Anglois, auxquels il ne faisoit plus illusion, et qui d'ailleurs ne pouvoient voir de bon œil un homme qui avoit pour alliés des *Ecossois*. Le *roi d'Ecosse* s'étant bientôt apperçu que les dispositions du peuple de ces cantons étoient peu favorables à son expédition, et voyant qu'il ne s'y faisoit aucun mouvement en faveur de *Perkin*, convertit cette guerre en *incursions* et en *pillage*, portant le fer et le feu dans toutes les parties du *Northumberland*, où il passoit; mais ayant appris qu'une nombreuse armée marchoit à lui, il craignit d'exposer au hazard d'une bataille ses troupes ainsi appesanties par les dépouilles du pays qu'elles venoient de ravager, et retourna en *Ecosse*, chargé d'un riche butin, se réservant à pénétrer plus avant dans une seconde expédition. *Perkin*, qui savoit imiter dans l'occasion la conduite d'un véritable prince, voyant l'armée écossoise ravager ainsi tout le pays, feignit de s'attendrir sur le sort de ses prétendus sujets, et fit des remontrances publiques à ce sujet au *roi d'Ecosse*, le suppliant de ne point faire ainsi la guerre à outrance aux Anglois, et ajoutant qu'il n'estimoit pas assez la couronne, pour vouloir l'acheter au prix de la ruine de sa patrie et du sang de ses sujets. *Le roi d'Ecosse* lui fit cette réponse, un peu ironique : *Je crains fort que vous ne preniez un peu trop de soin d'un bien qui ne vous appartiendra peut-être jamais, et qu'en m'exhortant à ménager les terres de votre ennemi, vous ne travailliez beaucoup plus pour lui que pour vous.*

Vers le même temps, c'est-à-dire dans la onzième année du règne de *Henri*, les pertes multipliées que l'interruption du commerce entre les Anglois et les Flamands faisoit essuyer aux négocians des deux nations, excitèrent leurs mécontemens et leurs plaintes. Ils se donnèrent beaucoup de mouvement, et n'épargnèrent point les sollicitations, pour engager leurs princes respectifs à rouvrir les routes de ce commerce, en quoi les circonstances mêmes les favorisèrent ; car l'archiduc et son conseil avoient déja commencé à s'appercevoir que *Perkin* n'étoit qu'un aventurier, et à ne le regarder que comme une sorte de *marionette* ou de *jouet*, qui pouvoit servir tout au plus à amuser l'enfance d'un prince. De plus, *Henri* lui-même, rassuré par le mauvais succès des deux tentatives de *Perkin*, l'une sur le *comté de Kent*, l'autre, sur le *Northumberland*, n'attachoit plus tant d'importance à l'entreprise de cet imposteur, et ne daigna pas même mettre l'affaire en délibération dans son conseil d'état. Elle ne l'intéressoit que par ses conséquences pour le commerce ; car ce prince qui, étant naturellement avide de biens et de richesses, regardoit, avec raison, *le commerce comme la vaine porte qui les fait entrer et les distribue dans toutes les parties intérieures du corps politique*, ne pouvoit souffrir la moindre obstruction dans ce canal. Cependant jaloux de soutenir sa réputation, il ne daigna pas faire les avances, et attendit que les Flamands lui fissent les premières propositions. A son exemple, les *adventurers*, société (1) composée d'un grand nombre de négocians fort riches, qui faisoient de très grosses mises, et dont les ressources étoient encore augmentées par les fortes contributions que le roi leur permettoit de lever (2), soutinrent l'honneur de la nation angloise, en achetant, comme à l'ordinaire, les marchandises qui étoient le produit de son travail et

---

(1) Appellée anciennement *compagnie de l'étape*, et ensuite des *négocians adventurers*; parce que ses statuts portoient qu'elle seroit tenue d'envoyer des vaisseaux pour *découvrir de nouvelles terres et de nouveaux objets de commerce*. Elle alloit faire le sien dans les villes des *Pays-Bas* et ailleurs. Cette compagnie étoit encore une sorte de corporation (note de *Hume*).

(2) Cette compagnie avoit, de sa propre autorité, exclu tous les marchands du royaume du droit d'aller trafiquer aux grandes foires des *Pays-Bas*, à moins que chacun ne lui payât la somme de près de 70 liv. (sterlings). Il est singulier qu'un

de son industrie, quoiqu'ils prévissent qu'elles resteroient comme *mortes* dans leurs magasins, faute d'exportation. Enfin, on vit arriver à *Londres* des commissaires envoyés par les deux princes, pour entamer un accommodement. Les députés du roi d'Angleterre étoient l'*évêque Fox, garde du sceau privé; le vicomte de Wels, Kendall, prieur de Saint-Jean; Warham, garde des registres publics;* tous personnages qui jouissoient de la confiance et de la faveur du

---

tel réglement (s'il en mérite le nom) ait pu s'exécuter, et qu'il fallut l'autorité du parlement pour l'abroger (*note de Hume*). En un mot, cette compagnie, comme toutes celles du même genre, avoit tous les inconvéniens du *monopole*, et tous ceux de *l'esprit de corps*; sans compter que tout privilège de cette espèce est une violation manifeste du droit de propriété : car accorder à certains marchands le pouvoir de faire telle espèce de commerce, en l'ôtant à d'autres, c'est prendre à ces derniers une somme d'argent équivalente aux profits de ce commerce, pour la donner aux premiers sans autre règle que celle-ci : *tel est notre plaisir.*

prince, et auxquels il donna pour adjoints *Urswich et Riseley*. Ceux de l'archiduc étoient *de Bievres, son amiral, Verunsell; gouverneur de Flandre,* etc. Ils ne tardèrent pas à conclure un traité, dont le but étoit de rétablir et d'entretenir une alliance et une mutuelle correspondance entre le roi et l'archiduc. Il contenoit un grand nombre d'articles touchant leurs intérêts respectifs, leur commerce, la liberté de la pêche, etc. traité qui étoit si avantageux aux Flamands, qu'ils l'appellent encore aujourd'hui *intercursus magnus* (*la grande transaction*), soit parce qu'il étoit beaucoup plus complet et plus étendu que tous les précédens, nommément que ceux qui avoient été faits dans la troisième et la quatrième année du règne de *Henri;* soit pour témoigner combien il leur paroissoit plus favorable à leur commerce que celui qui fut conclu dans la vingt-unième année du règne de ce prince, et que, par cette raison, ils appellèrent *intercursus malus* (*la mauvaise transaction*) : entre autres articles, il contenoit une clause expresse relativement aux rebelles, et portant que, si quelque sujet révolté contre l'un de ces deux princes, s'étant réfugié chez l'autre, son souverain naturel demandoit qu'il lui fût livré, cet allié le banniroit de ses états par un édit formel, et que, si, au bout de quinze jours, ce rebelle n'avoit pas obéi à cet ordre, il seroit proscrit, *ipso facto*, et privé du droit d'asyle. A la vérité, *Perkin* n'étoit pas nommé dans cet article, et même n'y étoit peut-être pas compris *implicitement*, attendu qu'étant *Flamand* d'origine, il n'étoit point, à proprement parler, un rebelle par rapport au roi d'Angleterre; cependant, en bannissant de la Flandre tous les Anglois attachés aux intérêts de *Perkin*, il lui ôtoit ainsi sa principale ressource, et tendoit à affoiblir le parti de cet aventurier; sans compter qu'il étoit dit, en termes clairs et formels, dans cet article, que cette prohibition ou exclusion des rebelles anglois s'étendroit aux états de la *duchesse douairière*. Lorsque le commerce entre les deux nations eut repris son cours, les négocians et les facteurs anglois, dont la résidence ordinaire étoit à *Anvers*, retournèrent dans cette ville, où ils furent reçus avec une joie universelle et comme en triomphe.

L'hiver suivant ; savoir, dans la douzième année du règne de *Henri*, ce prince convoqua de nouveau le parlement, où il se répandit en plaintes amères sur l'indigne conduite du *roi d'Ecosse* envers lui, et sur son irruption dans les provinces septentrionales de l'Angleterre, où il avoit porté le fer et le feu : ce prince, disoit-il, contre la foi des traités subsistant entre les deux royaumes, et sans aucune provocation de notre part, n'a pas laissé de feindre d'ajouter foi à la fable d'un aventurier, pour troubler la paix de l'Angleterre, et de recueillir les restes de ce parti devenu le rebut de toutes les nations. *Le roi d'Ecosse*, ajoutoit-il, sentant bien que, s'il s'attaquoit au roi lui-même, la partie ne seroit pas égale, s'est jeté lâchement sur un peuple désarmé, contre lequel il a exercé le plus affreux brigandage, au mépris de toutes les loix de la guerre, et du droit des gens. Je ne puis, sans me déshonorer moi-même, et sans exposer à un péril imminent un peuple chéri, sur lequel je dois étendre sans cesse un bras protecteur, dissimuler de telles injures et les laisser impunies. Le parlement devinant assez le but de ces plaintes, et étant disposé à le satisfaire sur ce point, lui accorda un subside qui, bien que limité, ne laissoit pas d'être considérable ; car il montoit à 120,000 liv. (sterlings) auxquels il joignit deux quinzièmes (16,000 liv.) (1), la guerre étoit pour ce prince une sorte de *mine*, d'une nature assez extraordinaire, car on y trouvoit *du fer à la surface, mais de l'argent et*

---

(1) Je ne puis répondre de cette évaluation; car quelques historiens fixent à dix mille livres la valeur d'un quinzième de subside. D'ailleurs j'ai observé dans les notes précédentes que, pour con-

de l'or au fond. Le principal objet de cette session étant la guerre *d'Ecosse*, et le parlement, durant la précédente, ayant été presque toujours occupé à établir de nouvelles loix, on en fit peu d'importantes dans celle-ci, à la réserve d'une seule, qui fut sollicitée par les marchands *adventurers* répandus dans tout le royaume, pour faire supprimer les exactions et les monopoles que ceux de *Londres* exerçoient contre eux; exactions par lesquelles ces derniers, selon toute apparence, tâchoient de se dédommager des pertes qu'ils venoient d'essuyer par l'interruption du commerce entre les deux nations, et par le défaut d'exportation; mais le parlement y mit ordre, en supprimant toutes ces nouveautés.

Mais la destinée du roi sembloit être de combattre toujours pour son argent;

---

noître à peu près la valeur réelle d'un subside, il faudroit y joindre le prix courant et moyen des choses nécessaires à la vie, celui du travail, etc.

car, quoiqu'il sût éviter la guerre avec les ennemis du dehors, il étoit sans cesse obligé de lutter au dedans contre les rebelles. A peine eut-on levé les premiers deniers du subside dans la province de *Cornouaille*, que ce peuple commença à murmurer hautement, et à témoigner son mécontentement. Cette révolte étoit plus dangereuse que les précédentes; car le peuple de cette province étoit presque tout composé d'hommes robustes, courageux, accoutumés à vivre durement sur un sol stérile, et qui auroient pu même au besoin vivre sous terre, la plupart n'étant que des journaliers employés aux mines d'étain. Ils murmuroient, dis-je, prétendant que cette taxe qui n'avoit d'autre prétexte qu'une incursion subite et passagère des Ecossois, tendoit à les réduire à la dernière misère ; qu'on ne devoit exiger de telles contributions que de ceux qui étoient en état de les payer, et qui vivoient dans l'oisiveté (1) ; que gagnant, à la sueur de

---

(1) Le peuple s'y prenoit fort mal pour se faire

leur front, un morceau de pain, ils vouloient le manger tout entier, et que personne ne seroit assez fort pour le leur arracher. Lorsque le feu d'une révolte commence à s'allumer, il se trouve toujours assez d'hommes prêts à le souffler, et à le faire dégénérer en incendie : le peuple de *Cornouaille*, en cette occasion,

---

rendre justice; mais ses plaintes n'étoient que trop fondées. En effet, un impôt, *mathématiquement proportionnel* à la fortune de chaque particulier, paroît juste ; mais c'est la plus criante des injustices : car, si vous demandez à celui qui n'a que le nécessaire, le dixième de ce qu'il a, vous le précipitez dans l'indigence; au lieu qu'en demandant à un riche le dixième de son revenu, vous ne lui ôtez qu'une très petite partie de son superflu : sans compter que l'homme pauvre et laborieux, en portant le poids du jour et de la chaleur, paie déja, *de tout son être*, un terrible impôt. Financiers, qui savez tout calculer, excepté la sueur et le sang de vos frères, lisez l'histoire d'*Athènes*, la seule république qui ait su respecter les droits de l'homme; et si vous ne savez pas inventer la justice, sachez du moins l'imiter : voici

eut bientôt deux chefs ou deux *boute-feux*: l'un fut *Michel Joseph*, maréchal à *Bodnier*, homme audacieux, grand hableur, toujours prêt à crier contre le gouvernement, et qui brûloit de se faire un nom parmi la multitude. L'autre fut *Thomas Flammock*, avocat, qui, en disant toujours à ceux qui le consultoient,

---

la triple règle qui peut vous diriger. *Celui qui n'a d'autre propriété que celle de son individu, ne doit payer que de sa personne. Celui qui possède quelque chose, et qui a lui-même une valeur, doit payer et de sa personne et de sa bourse. Enfin, celui dont la personne ne vaut rien, ou presque rien, ne doit payer que de son argent.* Telle est la triple loi que dicte la conscience, toujours d'accord avec l'intérêt commun; et n'est-il pas honteux que ces vérités ne se fassent entendre que du fond d'une solitude? Mais les loix sont toujours *partiales*, toujours favorables à ceux qui les établissent, et rarement le pauvre est législateur; l'or est toujours le maître; il se défend lui-même; et, comme l'a tant répété J. J. l'esprit de toutes les loix est d'armer celui qui ne fait rien et qui a tout, contre celui qui fait tout et qui n'a rien.

que la loi étoit pour eux, étoit parvenu à surprendre leur confiance, et s'étoit acquis, par ce moyen, une sorte d'autorité dans ce canton. Ce grave personnage, qui se donnoit un air de capacité, et qui sembloit avoir découvert un secret pour conduire une révolte, de manière à ne point troubler la paix du royaume, faisoit entendre à ce peuple que cette taxe, quoique imposée par un bill du parlement, ne laissoit pas d'être illégale, attendu que la loi avoit prescrit un autre genre de remède contre de telles irruptions, la noblesse de ces provinces septentrionales étant obligée, comme feudataire, de défendre le pays contre les Ecossois; que d'ailleurs l'ennemi ayant évacué ces provinces, ce bruit de guerre n'étoit qu'un prétexte pour piller le peuple; qu'en conséquence, au lieu de se laisser tondre comme de timides brebis, ils devoient prendre les armes; mais qu'ils devoient défendre leurs droits sans faire aucun tort aux autres sujets, et se contenter d'aller présenter au roi une supplique appuyée d'une bonne armée, pour engager plus sûrement ce prince à supprimer des charges si insupportables, et à punir du dernier supplice les perfides conseillers qui lui en avoient suggéré l'idée, afin d'imprimer la terreur aux autres, et de les empêcher à l'avenir de lui donner de tels conseils; que, pour lui, son sentiment étoit que la plus forte preuve qu'ils pussent donner au roi de leur fidélité, et à toute la nation, de leur courage, c'étoit de délivrer ce prince de ces conseillers pernicieux, qui finiroient par le ruiner lui-même, en ruinant son peuple : reproches et menaces qui regardoient nommément le *cardinal Morton* et *Reginald Brai*, que le roi employoit ordinairement pour de telles opérations, et qui alors lui servoient comme de *plastrons*.

Ces discours séditieux de *Flammock* et du *maréchal* produisirent sur le peuple l'effet qu'ils en attendoient, et après s'être bien assurés qu'il étoit disposé à les suivre, ils s'offrirent à lui servir de guides dans cette expédition, jusqu'à ce que des personnes d'une condition plus relevée se fussent déclarées pour eux, et offertes pour les commander; lui faisant espérer qu'il auroit bientôt de tels généraux, et ajoutant que pour eux ils étoient plus disposés à lui obéir qu'à le commander; et qu'ils vouloient être les premiers à braver tous les dangers : qu'au reste ils ne doutoient nullement qu'à la première nouvelle de leur marche, les habitans de toutes les provinces des frontières, sur-tout ceux des parties orientales et occidentales de l'Angleterre, n'embrassassent avec joie une si juste cause, et n'accourussent se joindre à eux, attendu qu'à le bien prendre, tout ce qu'ils alloient faire dans cette expédition, n'étoit que pour le service du roi. La multitude échauffée par ces discours, s'arma de haches, de piques, d'arcs, de faux et d'autres armes que les gens de la campagne possèdent ordinairement, et marchèrent aussi-tôt vers le *comté de Sommerset,* en traversant celui de *Devon*, et ayant à leur tête *Flammock* et *Michel Joseph*, genre de commandement qui est une vraie *sujétion*; les chefs du peuple, en pareil cas, étant obligés de faire tout ce qu'il lui plaît, et de se prêter à toutes ses fantaisies. Ils arrivèrent à *Taunton*, sans avoir tué, blessé ou pillé qui que ce fût; mais, dans cette ville, ayant rencontré un des commissaires préposés pour la levée des subsides, qu'ils appelloient le *prévôt de Perkin*, et qui l'exigeoit avec une extrême dureté, ils se jetèrent sur lui et le massacrèrent. De-là ils s'avancèrent jusqu'à *Wells*, où le *baron d'Audeley*, qui avoit été d'intelligence avec les rebelles dès le commencement de la fermentation, se joignit à eux. C'étoit un seigneur d'une ancienne maison, et très populaire, mais ambitieux, d'un caractère inquiet, turbulent, et qui sembloit n'aspirer qu'à sa propre ruine. Il fut élu général aux acclamations de toute cette multitude, et les rebelles pressèrent leur marche, fiers d'avoir à leur tête un homme de cette distinction. Il les conduisit de *Wells à Salisbury*, et de *Salisbury à Winchester*. Puis cette populace insensée qui, au lieu de suivre ses généraux, se faisoit suivre par eux, voulut absolument marcher vers le comté de *Kent*, se flattant que les habitans de ce comté alloient aussi-tôt épouser sa querelle; espérance d'autant moins fondée, qu'ils venoient de donner les preuves les moins douteuses d'attachement et de fidélité au roi. Mais le docteur *Flammock* avoit fait entendre à cette aveugle multitude que le comté de *Kent* n'ayant jamais été conquis, et que ses habitans étant de tous les Anglois ceux qui dans tous les temps avoient défendu leur liberté avec le plus de courage, ils ne manqueroient pas de se déclarer pour eux, et de favoriser efficacement une expédition entreprise pour défendre la cause commune et la liberté de la nation; mais les espérances que les rebelles fondoient sur ces frivoles discours, furent trompées, et à leur arrivée dans le *comté de*

Kent, les habitans de ce canton étoient tellement disposés à demeurer dans le devoir, soit par le souvenir des marques de satisfaction et de reconnoissance que le roi leur avoit données peu de temps auparavant, en retour du zèle, du courage et de la prudence avec lesquels ils avoient repoussé *Perkin*, soit par l'influence du *comte de Kent*, de *sir Albergavenny* et du *baron de Cobham*, qui commandoient dans cette province, et y jouissoient d'un grand crédit, qu'il ne s'y fit aucun mouvement en faveur des rebelles, et qu'ils ne purent attirer à leur parti un seul individu, soit de la noblesse, soit du peuple, ce qui répandit une telle consternation parmi les plus timides, qu'ils prirent la fuite secrètement, et retournèrent dans leurs maisons; mais les plus déterminés, ceux qui avoient parlé le plus haut, et qui s'étoient déclarés les premiers pour l'insurrection, persistèrent dans leur dessein, et loin de se laisser abattre, n'en témoignèrent que plus d'audace et de fierté; car si, d'un côté, l'indifférence du peuple de ces cantons les décourageoit un peu, de l'autre, la facilité même avec laquelle ils avoient traversé toute l'Angleterre dans sa plus grande largeur, et marché de la côte occidentale à la côte orientale, sans être attaqués par les troupes du roi, et sans trouver de résistance, les rassuroit, et augmentoit leur présomption. En conséquence, poursuivant leur marche, ils vinrent camper près de *Black-Heath*, entre *Grenwich et Eltham*, déterminés à livrer bataille au roi (car ce n'étoit plus à *Morton* et à *Brai* seulement qu'ils en vouloient, mais au roi même), et à prendre *Londres* à sa vue, espérant trouver dans cette grande ville autant de terreur et de lâcheté que d'opulence.

Mais, pour revenir au roi, la nouvelle certaine de la révolte des habitans du comté de *Cornouaille* le jeta d'abord dans une grande perplexité, non que cette seule révolte l'inquiétât beaucoup, mais parce que d'autres ennemis le menaçoient dans le même temps; car il craignoit que le *roi d'Ecosse*, avec *Perkin* et ses partisans, ne profitassent de l'occasion pour venir l'attaquer, et il voyoit alors réunis contre lui les trois plus grands dangers dont un prince puisse être menacé ; savoir, un ennemi étranger, une sédition domestique, et la conspiration d'un prétendant à la couronne. Mais l'occasion ne le prit pas au dépourvu ; car immédiatement après la dissolution du parlement, il avoit mis sur pied une puissante armée, pour faire la guerre aux *Ecossois*. Le roi d'*Ecosse*, de son côté, avoit fait de grands préparatifs, soit pour se défendre, en cas d'attaque, soit pour faire une seconde irruption en Angleterre. Or, non-seulement *Henri* avoit déja des troupes sur pied, mais elles étoient prêtes à marcher, sous les ordres de *d'Aubeney*, son chambellan. En conséquence, lorsqu'il eut reçu la nouvelle de l'insurrection des habitans de *Cornouaille*, il retint ses troupes près de sa personne, pour sa propre sûreté. Cependant, ne voulant pas non plus laisser tout-à-fait sans défense les frontières septentrionales, il envoya le *comte de Surrey* pour en rassembler toutes les forces, et faire tête aux Ecossois, en cas d'invasion. Quant à la manière dont il s'y prit pour réduire ces rebelles, il adopta, en cette occasion, une méthode toute différente, et même toute contraire à celle qu'il avoit suivie jusqu'alors ; car son usage, en de pareilles circonstances, étoit d'agir avec la plus grande célérité, et d'opposer d'abord aux rebelles la plus vigoureuse résistance, souvent même de marcher droit à eux pour les attaquer ; mais, outre que l'âge et une longue possession du trône avoient un peu refroidi son ardeur militaire, et le rendoit moins prompt à exposer sa personne, considérant de plus la nature de cette guerre, les difficultés de sa situation et les dangers qui le menaçoient de plusieurs côtés à la fois, il jugea que le plus sûr parti, pour faire face à tous ses ennemis en même temps, étoit de tenir toutes ses troupes rassemblées et postées près du centre et de sa capitale, conformément au sage conseil que certain philosophe indien donnoit à *Alexandre*, en lui disant que, pour *tenir tous les bouts du cuir abaissés, il falloit tenir la main appuyée sur le milieu*. D'ailleurs, il n'avoit aucune raison qui le mît dans la nécessité de s'écarter de ce plan. En premier lieu, les rebelles n'ayant commis aucun acte d'hostilité dans les comtés qu'ils avoient traversés, cas où l'honneur l'auroit obligé de se porter dans ces cantons, pour secourir son peuple, rien ne l'obligeoit à s'éloigner de la capitale. De plus, s'il eût vu les peuples des autres comtés se joindre à ces rebelles, la prudence auroit exigé qu'il se hâtât de les attaquer, avant que leurs forces eussent pris trop d'accroissement; mais, comme ils ne recevoient aucun renfort, personne ne se joignant à eux, il n'avoit pas besoin de se presser. Enfin, les maximes de la politique et les règles de l'art militaire le déterminèrent également à s'attacher au plan qu'il s'étoit tracé; car c'est sur-tout dans les commencemens d'une révolte que la multitude agit avec le plus d'audace et de fureur ; mais ensuite cette ardeur se refroidit, la révolte s'affoiblit, et tout se calme par le seul effet du temps ; sans compter qu'il lui étoit plus facile de les réduire entièrement, en les attaquant loin de leur pays, où ils auroient pu trouver une retraite, et renouveller les troubles après une défaite.

Ainsi, lorsque les rebelles, comme nous le disions plus haut, furent campés sous la hauteur de *Black-Heath*, d'où ils découvroient la ville de *Londres*, et les fertiles vallées qui l'environnent, le roi qui n'avoit été si lent à les combattre, qu'afin de mieux choisir le temps et le lieu du combat, crut alors devoir les attaquer d'autant plus promptement, qu'il avoit plus long-temps tardé à le faire ; afin que cette lenteur fût attribuée à sa prudence et non à sa timidité ; mais de ne faire toutefois marcher ses troupes contre eux qu'avec beaucoup de circonspection, et après avoir fait ses dispositions de manière à assurer la défaite de ces rebelles, et à ne rien abandonner au caprice de la fortune. En conséquence, ayant mis sur pied une puissante armée, à tout événement, et pour maîtriser, en quelque manière, la fortune, il la partagea en trois corps; le premier, sous le commandement du *comte d'Oxford*, ayant sous lui les *comtes d'Essex et de Suffolk*, eut ordre de faire le tour de la hauteur où les rebelles étoient campés, de se poster derrière eux avec une partie de l'infanterie et de la cavalerie, suivie d'un train suffisant d'artillerie; enfin, de garnir de troupes tout le bas de la colline, en se saisissant de tous les passages, hors de celui qui menoit à *Londres*, afin d'envelopper, pour ainsi dire, ces bêtes féroces, et de les prendre toutes comme dans un filet. Le second corps qui devoit faire le plus grand effort, et d'où dépendoit principalement le succès du combat, devoit, sous les ordres de son chambellan, se porter par le côté de la colline qui étoit tourné vers *Londres*, et que le premier corps auroit laissé libre, et attaquer de front les rebelles. Quant au troisième corps, composé des meilleures troupes, le roi le tint près de sa personne, et en fit une espèce de corps de réserve, soit pour couvrir la ville, soit pour rétablir le combat, au cas que les deux autres corps vinssent à plier, ou pour décider la victoire. En conséquence il se campa entre la ville et l'ennemi. Cependant cette armée de rebelles campée si près des murs de *Londres*, répandit la terreur et la consternation dans cette grande ville, comme on l'observe ordinairement, en pareille circonstance, dans toutes les villes opulentes, sur-tout dans les capitales dont les habitans voient rarement de leurs fenêtres, ou de leurs remparts, une armée ennemie. Leurs craintes et leurs inquiétudes redoubloient, lorsqu'ils considéroient qu'ils avoient affaire à une multitude composée d'hommes nécessiteux et indisciplinés, avec lesquels ils ne pouvoient espérer aucune composition ou capitulation régulière, au cas qu'ils fussent réduits à une telle extrémité, mais qui leur paroissoient disposés à mettre la ville au pillage, et à passer au fil de l'épée tous les habitans. Car, quoiqu'ils eussent appris que ces rebelles s'étoient conduits avec la plus grande modération dans leur longue marche, et n'avoient commis aucune violence dans les lieux où ils avoient passé, ils craignoient que ces belles dispositions ne fussent pas de longue durée ; que cette discipline qu'ils n'avoient pu observer, sans se faire une sorte de violence, ne les eût rendus que plus avides de butin. Le peuple rempli de ces craintes, se répandoit çà et là par la ville ; les uns courant aux portes, les autres sur les remparts, d'autres encore sur les bords de la *Tamise* ; et tous se donnant les uns aux autres de continuelles et fausses alarmes ; ce qui n'empêcha pas que *Tate, lord-maire*, ainsi que les deux *aldermans Shaw et Haddon*, ne fissent toutes les dispositions nécessaires pour la défense

de la ville, et ne fissent armer le peuple;
le roi joignit aux habitans quelques troupes réglées, avec des officiers expérimentés, pour diriger et soutenir cette milice. Mais, peu de temps après, les habitans de *Londres* ayant appris que le roi avoit fait de si belles dispositions, que les rebelles, à moins de gagner trois batailles consécutives, ne pourroient approcher de la ville; que ce prince en personne s'étoit posté entre l'ennemi et la ville, pour la couvrir, et que, s'il prenoit tant de précautions et de mesures avant d'attaquer les rebelles, c'étoit beaucoup moins pour assurer leur défaite, dont il ne doutoit point, que pour les envelopper de manière qu'il n'en pût échapper un seul, ils perdirent toutes leurs craintes ; sans compter qu'ils se reposoient sur le zèle et la capacité des trois généraux qui commandoient les deux corps avancés, je veux dire, *Oxford, Essex et d'Aubeney*, trois seigneurs jouissant de la plus haute réputation, et fort aimés du peuple. Quant à *Gaspard, duc de Bed-*

fort, que le roi mettoit ordinairement à la tête de ses armées, il étoit alors retenu au lit par une maladie, dont il mourut quelques jours après.

La bataille fut livrée le 21 de juin (vieux style), c'étoit un samedi, jour de la semaine que le roi croyoit heureux pour lui, et pour lequel il avoit une sorte de prédilection. Cependant ce prince, pour surprendre les rebelles et tomber sur eux avant qu'ils eussent eu le temps de se ranger en bataille, avoit fait courir le bruit qu'il ne les attaqueroit que le lundi suivant, et les seigneurs qui avoient eu ordre d'environner la colline où l'armée des rebelles étoit campée, avoient pris poste quelques jours auparavant dans le lieu que le prince leur avoit marqué, pour couper la retraite aux rebelles. Le 21, l'action s'engagea sur le soir; le roi les ayant ainsi fait attaquer un peu sur le tard, persuadé qu'à une telle heure ils ne s'attendroient plus à l'être. Alors *d'Aubeney* s'étant ébranlé le premier avec le corps qu'il commandoit, attaqua les troupes qui gardoient le pont de *Depfort*; elles le reçurent avec assez de courage; mais bientôt accablées par la supériorité du nombre, elles furent obligées de se retirer vers le gros de leur armée, qui étoit campé sur le haut de la colline. Les rebelles apprenant par ces fuyards que les troupes royales marchoient à eux, se rangèrent en bataille à la hâte, et tumultuairement. Mais ils avoient fait deux fautes capitales; l'une étoit de n'avoir pas posté un corps de troupe vers le bas de la colline, et près du pont, pour soutenir ceux qui étoient destinés à le garder; l'autre étoit de s'être rangés en bataille sur le haut de la colline où le terrein étoit uni, au lieu de se poster sur la pente où ils auroient eu l'avantage du lieu sur les troupes royales, ce qui permit à *d'Aubeney* de gravir toute cette pente, et de se former dans la plaine, avant que les rebelles pussent l'attaquer. Ce seigneur profitant de ces fautes, engagea l'action avec une impétuosité qui fut près de lui être funeste ; car, en combattant à la tête de sa troupe, et exposant sans ménagement sa personne, il fut fait prisonnier ; mais heureusement il fut délivré un instant après. Les rebelles ne purent tenir long-temps contre des troupes si supérieures, non qu'ils manquassent de courage, mais parce qu'ils étoient mal armés et mal commandés, n'ayant d'ailleurs ni cavalerie ni artillerie ; ainsi en un instant ils furent défaits et mis en déroute. Quant à leurs trois généraux, je veux dire le *baron d'Audeley, Flammock* et le *maréchal* (*Michel Joseph*), trop semblables à la plupart de ces chefs de factieux, ils se laissèrent prendre vifs. L'armée des rebelles, avant la bataille, étoit de 16,000 hommes ; ils en perdirent 2000, tout le reste fut fait prisonnier ; les troupes royales, comme nous l'avons dit plus haut, ayant tellement investi la colline, qu'il n'en pouvoit échapper un seul. Le roi ne perdit que trois cents hommes, dont la plupart furent tués à coup de flèches, qui avoient, dit-on, trois pieds de long, les arcs dont ces robustes habitans de *Cornouaille* faisoient usage, étant d'une longueur et d'une force extraordinaires.

Immédiatement après cette victoire, le roi créa plusieurs *chevaliers bannerets*, tant sur le champ de bataille même de *Black-Heath* où il se rendit à cheval pour faire en personne cette cérémonie, que dans la plaine de *Saint-Georges* où il avoit campé lui-même. Quant aux récompenses et aux encouragemens, il donna, à tous ceux qui avoient fait des prisonniers, les biens de ces derniers, soit en nature, soit par *composition*, ou par voie de *rachat* (1). A cette distribution de titres d'honneurs et de récompenses utiles succédèrent les actes de sévérité. Le *baron d'Audeley*,

---

(1) Si cette armée étoit toute composée de *nécessiteux*, de journaliers travaillant aux mines d'étain, et qui n'avoient point emporté de butin durant toute leur marche, comme notre auteur l'a dit trois ou quatre fois, ce présent que le roi faisoit du bien d'autrui, n'étoit pas très magnifique.

ayant été tiré de sa prison, fut promené depuis la *porte-neuve* (new-gate) jusqu'à *l'esplanade de la tour*, revêtu d'une casaque de papier, sur laquelle étoient peintes ses armes renversées; et le bourreau ayant déchiré cette casaque, ce seigneur fut décapité dans le même lieu. *Flammock* et le *maréchal*, après avoir été traînés sur la claie jusqu'aux fourches de *Tiburn*, y furent exécutés, et leurs corps furent partagés en quatre quartiers: le *maréchal*, sur sa claie même, se glorifioit de cette belle expédition, comme on en put juger par ses discours, et se vantoit d'avoir immortalisé son nom. Le premier dessein du roi avoit été de faire exécuter *Flammock* et *Michel Joseph* dans le comté de *Cornouaille*, pour imprimer plus de terreur aux habitans de ces cantons, par la vue du supplice de ces deux chefs de factieux; mais ensuite ayant appris que la révolte n'étoit pas encore entièrement étouffée dans ce comté, il changea de plan, dans la crainte d'irriter ce peuple, en le rendant témoin de ce supplice. Il fit ensuite proclamer un édit, par lequel il accordoit une abolition générale du passé à tous les autres rebelles, leur permettant de retourner dans leurs maisons ; et ceux d'entre eux qui souhaitèrent que cette abolition fût scellée du grand sceau, obtinrent cette grace ; en sorte qu'à la réserve du sang qui avoit été versé dans la bataille, le roi se contenta du supplice de ces trois rebelles pour la punition d'une si grande révolte.

La conduite que le roi tint en cette occasion pourra paroître étrange, pour peu qu'on la compare à celle qu'il avoit tenue après l'expédition dans le *comté de Kent*; et il semblera peut-être, à la première vue, que, dans la dispensation des châtimens et des pardons, ce prince n'avoit ni règle ni mesure fixes ; car, quoique *Perkin*, dans sa tentative sur *le comté de Kent*, n'eût fait débarquer qu'une poignée de bandits, le roi en avoit fait pendre cent cinquante ; au lieu que, dans cette grande révolte du *comté de Cornouaille*, où les insurgens étoient au nombre de seize mille, il n'en fit exécuter que trois : mais, pour peu qu'on réfléchisse sur la différence des situations où le roi étoit dans ces deux cas, et qu'on sache franchir la distance des temps, on sentira aisément que cette clémence qu'il exerça envers les derniers, étoit fondée sur les plus sages considérations. En premier lieu, il jugea sans doute que le sang répandu dans la bataille étoit déjà une satisfaction presque suffisante. En second lieu, il ne voulut pas user d'une trop grande sévérité dans la punition d'une révolte où il s'agissoit de l'intérêt du peuple; peut-être aussi la modération dont cette multitude affamée avoit fait preuve durant une si longue marche, toucha-t-elle le cœur du prince; il se peut enfin qu'il crût devoir mettre une très grande différence entre les révoltes causées par l'ambition des chefs, ou le caprice de la multitude, et une insurrection ayant pour cause l'indigence et la misère du peuple.

Après la défaite des rebelles de *Cornouaille*, on vit arriver à *Londres* une ambassade solemnelle de la part du *roi de France*. Ces ambassadeurs étant arrivés à Calais un mois auparavant, s'y étoient arrêtés à cause des troubles qui s'étoient alors élevés en Angleterre ; car, à la première nouvelle de leur arrivée dans cette ville, le roi les avoit engagés par lettres à y faire quelque séjour, et à patienter un peu jusqu'à ce que certains brouillards, qui s'étoient élevés en Angleterre, se fussent dissipés, leur annonçant qu'ils seroient de courte durée ; car ce prince affectoit ordinairement en public d'attacher peu d'importance aux événemens mêmes qui l'inquiétoient le plus, et de les regarder comme des bagatelles.

Cette ambassade n'avoit aucun objet important ; il ne s'y agissoit que d'obtenir quelque délai pour le paiement des sommes stipulées par le dernier traité de *Charles* avec *Henri*, et de terminer quelques légers différens qui s'étoient élevés au sujet des frontières des deux états.

Ce n'étoit qu'un prétexte dont *Charles* s'étoit servi pour complimenter *Henri*, afin d'adoucir le ressentiment de ce prince, et de regagner son affection; et il ne faisoit aucune demande qui pût donner atteinte à la ligue défensive que *Henri* avoit formée avec les puissances d'Italie.

Mais, dans le temps même où les rebelles de *Cornouaille* marchoient vers *Londres*, le roi d'*Ecosse*, bien informé de ce qui se passoit en Angleterre, et s'attendant à être attaqué lui-même, dès que cette révolte seroit étouffée, résolut de prévenir les Anglois, et de profiter de l'occasion; persuadé que *Henri*, ayant déja sur les bras une nombreuse armée de rebelles, ne pourroit lui résister, il fit une nouvelle irruption dans les provinces septentrionales de l'Angleterre, et vint en personne mettre le siège devant le château de *Norham*, ayant détaché le reste de ses troupes pour faire le dégât dans le pays. Mais *Fox*, *évêque de Dunelm*, qui avoit prévu ce siège, avoit amassé de longue main, dans ce château qui lui appartenoit, force munitions de guerre et de bouche, et s'attendant plutôt à un *coup de main* qu'à un siège dans les formes, il y avoit mis une forte garnison. Il avoit aussi ordonné au peuple des campagnes voisines de retirer leurs bestiaux et leurs effets les plus précieux dans des lieux escarpés et fortifiés. De plus, au bruit de l'approche de l'armée écossoise, il envoya demander du secours au *comte de Surrey*, qui étoit alors dans *le comté d'Yorck*, c'est-à-dire, peu éloigné. Ainsi, non-seulement *le roi d'Ecosse* échoua dans cette tentative, et fut obligé de lever le siège, mais son armée remporta très peu de butin; et apprenant que *le comte de Surrey* marchoit contre lui avec de grandes forces, il retourna dans ses états. Le comte, informé de cette retraite, le poursuivit à grandes journées, jusqu'en *Ecosse*, dans le dessein de lui livrer bataille; mais n'ayant pu l'atteindre, il s'arrêta sur les frontières, assiégea le château d'*Aton*, la place la mieux fortifiée qui se trouvât alors entre *Barwich* et *Edimbourg*, et le prit en peu de jours. Mais, informé que le *roi d'Ecosse* s'étoit retiré au cœur de ses états, et, voyant les chemins rompus par les pluies continuelles, il rebroussa chemin, et rentra en Angleterre ; en sorte que toute cette campagne se réduisit à la prise d'un château et à une tentative sans succès sur un autre ; exploits qui ne répondoient ni aux grands préparatifs faits de part et d'autre, ni à l'animosité des deux nations, ni à l'attente des peuples.

Durant ces petites guerres au dedans et au dehors, on vit arriver à *Londres* un ambassadeur d'*Espagne*, dont le vrai nom étoit *Hialas*, mais que certains Anglois appelloient *Elias* (ou *Elie*), surnom d'autant mieux fondé, qu'il fut comme le *précurseur* de la prospérité dont nous jouissons aujourd'hui ; car ce fut lui qui ménagea une trève entre l'Angleterre et l'Ecosse : cette trève amena la paix ; cette paix, un mariage ; et ce mariage, l'union des deux royaumes (1). Cet ambassadeur étoit un homme d'une prudence consommée, et assez savant, eu égard au siècle où il vivoit. *Ferdinand* et *Isabelle* l'avoient député vers le roi d'Angleterre, pour lui proposer un mariage entre l'infante Catherine, leur seconde fille, et *Arthur*, prince de Galles. Ce traité avança rapidement, et fut presque conclu par la dextérité d'*Hialas*. De plus, dans les fréquentes conférences qu'il eut avec le roi, sur les affaires de l'*Espagne*, ce prince, qui accordoit assez aisément sa confiance aux ministres des autres souverains, lorsqu'ils lui plaisoient ; confiance qu'il portoit quelquefois au point de délibérer avec eux sur

---

(1) Jacques I fut à la vérité roi d'Ecosse et d'Angleterre ; mais, comme l'Ecosse continua d'être gouvernée par ses loix particulières, les deux royaumes ne furent pas pour cela réunis, comme le suppose notre auteur dans plusieurs ouvrages de cette collection : cette réunion n'eut lieu que sous la reine Anne, époque où les deux états furent gouvernés par un même roi et un même parlement.

ses propres affaires, et même de les employer pour les faire réussir, ne fit pas difficulté de consulter *Hialas* sur les moyens de ménager un accommodement avec les Ecossois ; car *Henri* n'aimoit point du tout cette guerre d'*Ecosse ;* guerre stérile par elle-même (quoiqu'il sût quelquefois en tirer des fruits réels, en demandant à ses sujets des subsides sous ce prétexte). Il se trouvoit aussi, dans le conseil même d'*Ecosse,* assez de gens qui tâchoient d'engager leur maître à faire la moitié du chemin pour terminer cette guerre, colorant ce conseil d'un parfait dévouement aux intérêts de leur patrie, mais ne le donnant en effet que pour favoriser le roi d'*Angleterre,* qui avoit su les gagner. La plus grande difficulté venoit du caractère et de la fierté même de *Henri,* qui n'auroit pas daigné faire les avances pour cette paix, et la demander le premier. Heureusement *Henri* trouva dans *Ferdinand, roi d'Arragon,* un allié tel qu'il le souhaitoit; car, à peine *Ferdinand* se crut-il assuré de la conclusion du mariage projeté, que, devenant familier avec ce prince, auquel il étoit près de s'allier, il ne craignit pas de se mêler des affaires de ce dernier, et de lui donner des conseils, suivant la coutume des *graves Espagnols*. Le roi, de son côté, qui savoit tourner à son avantage le foible de tous ceux avec qui il traitoit, voulut profiter de cette manie des Espagnols, dans une affaire où il ne lui convenoit pas de faire les premières démarches, et dont ses ministres ne se seroient pas volontiers chargés. En conséquence, il trouva bon qu'*Hialas* proposât, comme de son propre mouvement, une trève avec les Ecossois, et qu'il passât, pour cet effet, en *Ecosse. Hialas*, prenant l'affaire à cœur, se rendit en effet à la cour du roi d'*Ecosse*. Il mania l'esprit de ce prince avec tant de dextérité, qu'étant parvenu à l'éclairer sur ses vrais intérêts, et à lui faire goûter les premières propositions d'un accommodement, il écrivit au roi d'Angleterre qu'il ne doutoit point qu'il ne fût facile de conclure un traité de paix, pour peu qu'il chargeât de cette négociation quelque personnage prudent et modéré. Le roi, suivant ce conseil, en chargea l'*évêque Fox*, qui faisoit alors sa résidence dans son château de *Norham*. Il eut ordre de se rendre en *Ecosse*, et d'y conférer d'abord avec *Hialas*, avant qu'ils entrassent tous deux en conférence avec les députés du roi d'*Ecosse*. *Fox* s'étant conformé à ses instructions, peu de temps après, les députés des deux princes se rassemblèrent pour entamer la négociation ; mais, après une longue discussion des articles, ils ne purent parvenir à la conclusion du traité. La principale difficulté rouloit sur la première demande du *roi d'Angleterre* : ce prince souhaitoit que *Perkin lui fût livré*, prétendant que l'asyle que le roi d'*Ecosse* donnoit à ce jeune homme, étoit une sorte d'affront fait à tous les souverains, et que de tels imposteurs n'avoient pas droit de réclamer le droit des gens. Mais le *roi d'Ecosse* refusa constamment de se prêter aux desirs du roi d'Angleterre sur ce point, alléguant qu'il ne se croyoit nullement juge compétent des prétentions de *Perkin*; qu'en lui donnant l'asyle, il l'avoit seulement reçu comme *suppliant*, et qu'il avoit cru devoir sa protection à un homme qui s'étoit réfugié sous son pavillon; qu'ensuite l'ayant regardé comme un véritable prince, il lui avoit donné en mariage une de ses parentes, et l'avoit soutenu à la tête d'une armée; qu'en conséquence il ne pouvoit, sans se déshonorer, rompre tout-à-coup des liens si sacrés; et que livrer *Perkin* au roi d'*Angleterre*, comme ce prince le demandoit, ce seroit taxer lui-même de mensonge et de duplicité tout ce qu'il avoit dit ou fait en faveur de ce jeune homme. L'*évêque Fox*, que son maître avoit chargé de porter au *roi d'Ecosse* des paroles assez fières en apparence, mais qui devoient être adoucies par des expressions plus civiles, et à qui il avoit secrètement recommandé de ne rien épargner pour faciliter la conclusion du traité de paix; *Fox*, dis-je, voyant sa première demande rejetée, se rabattit sur la seconde, ses instructions portant de demander, de la part de son maître, *que les deux rois eussent une entrevue à Newcastle,* pour y terminer ensemble toutes leurs discussions; mais le *roi d'Ecosse* répondit qu'il vouloit bien *traiter de la paix*, mais qu'il ne vouloit pas *aller la mendier*. *Fox*, conformément à un autre article de ses instructions, demanda encore *la restitution de tout le butin que les Ecossois avoient fait dans le Northumberland*. Les commissaires écossois répondirent qu'il en étoit de ce butin *comme de l'eau qu'on a répandue sur la terre, et qu'il seroit ensuite impossible de retrouver toute;* que d'ailleurs les Anglois étoient beaucoup plus en état de supporter une telle perte, que les Ecossois de la réparer. Cependant les commissaires des deux nations, personnages prudens et modérés, ne voulurent pas que leurs conférences se terminassent sans avoir eu aucun effet; au lieu de rompre tout-à-fait le traité de paix, ils en remirent la conclusion à un autre temps, et conclurent seulement une trêve pour quelques mois. Mais, quoique le roi d'*Ecosse* ne voulût pas rétracter publiquement le jugement qu'il avoit porté sur *Perkin*, ni se démentir visiblement dans une affaire où il ne s'étoit engagé que trop avant, cependant, intérieurement détrompé sur ce point par quelques Anglois avec lesquels il avoit eu de fréquens entretiens, et par les relations qui lui venoient de toutes parts, il commença à le regarder comme un imposteur : en conséquence, il le manda, mais avec tous les égards et toutes les distinctions qu'il avoit eues pour lui jusqu'alors, et lui rappellant, en peu de mots, avec quelle ardeur il avoit toujours tâché de l'obliger, il le pria de considérer qu'il lui avoit donné en mariage une de ses plus proches parentes ; qu'il avoit soutenu, pendant deux ans, pour le défendre, une guerre offensive contre un prince très puissant ; que, pour ne pas lui manquer de parole, il venoit de refuser une paix aussi honorable qu'avantageuse, qu'on lui offroit, sous la seule condition de le livrer; qu'en refusant une telle offre, et rejetant la condition qu'on y mettoit, il avoit choqué violemment son peuple et sa noblesse qu'il ne pourroit mécontenter long-temps sans exposer son trône et sa personne ; qu'en conséquence il le prioit de recourir à ses autres ressources, et de se retirer dans le lieu où il se croiroit le plus en sûreté ; le roi lui observant de plus qu'il ne pouvoit disconvenir que les partisans qu'il avoit en Angleterre, avoient été beaucoup plus prompts que les Ecossois à l'abandonner, puisque, dans les deux tentatives qu'il y avoit faites, personne ne s'étoit joint à lui. « Au reste, ajouta ce prince, *je serai fidèle à la promesse que je vous ai faite* au moment de votre arrivée à cette cour, et lorsque je vous ai dit que *vous ne vous repentiriez jamais de vous être mis entre mes mains ;* car non-seulement mon intention n'est rien moins que de vous bannir de mes états, mais mon dessein est de vous donner une bonne flotte et des troupes d'élite pour vous escorter jusqu'au lieu que vous aurez choisi pour votre retraite. » Ces paroles ne furent point suffisantes pour abattre le courage de *Perkin*; et ne rabattant pas encore de sa hauteur théâtrale, il répondit au *roi d'Ecosse*, avec sa dignité ordinaire : *Je vois bien que mon heure n'est pas encore venue; mais, quelle que puisse être désormais ma fortune, je conserverai, jusqu'au dernier soupir, la haute estime que j'ai pour mon frère le roi d'Ecosse, et je ne cesserai de parler de lui en termes honorables et dignes de lui et de moi.*

Perkin, ainsi congédié par le *roi d'Ecosse*, ne devant plus songer à *la Flandre*, où le traité que l'*Archiduc* avoit conclu l'année précédente avec le *roi d'Angleterre*, lui ôtoit toute ressource, fit voile pour l'*Irlande*, accompagné de son épouse, et de tous ceux d'entre ses partisans ou de ses domestiques qui voulurent rester attachés à sa fortune.

Cette même année, c'est-à-dire, la onzième du règne de *Henri*, le pape *Alexandre VI*, qui avoit une sorte de prédilection pour les princes très éloignés de ses états, et avec lesquels par conséquent il n'avoit rien à démêler, se rappellant avec reconnoissance que le roi d'Angleterre avoit bien voulu entrer dans la ligue formée par les princes d'Italie pour la défense de leurs états respectifs, lui fit présent d'une *épée bénite* et d'un chaperon, appellé alors *le chaperon de manutention*. Le pape *Innocent* lui avoit fait un présent du même genre; mais *Henri* ne l'avoit pas reçu avec autant de pompe et d'appareil que celui-ci; car le roi, en cette dernière occasion, ordonna au *lord maire* et aux *aldermans* d'aller au-devant du *nonce*, jusqu'au *pont de Londres*; de faire tapisser toutes les rues depuis ce pont jusqu'au palais épiscopal où lui-même étoit logé, et de faire ranger en haie, sur le passage de cet envoyé, toutes les corporations de la ville, revêtues de leurs habits de cérémonie. Le lendemain, qui étoit le jour de *la Toussaint*, le roi lui-même, avec un cortège magnifique, composé des prélats et de la haute noblesse, alla processionnellement à l'*église de Saint-Paul*, faisant porter devant lui cette *épée* et ce *chaperon*. Après cette procession, ce prince demeurant assis dans le chœur, l'archevêque de Cantorbery, debout au haut des degrés, prononça une pompeuse harangue, où il s'efforça de donner la plus haute idée de ces décorations dont le pape honoroit le roi d'Angleterre; il n'oublia pas d'observer que le pontife ne faisoit que très rarement de tels présens, et ne les accordoit qu'aux services les plus signalés, rendus à la sainte église : puis il s'étendit beaucoup sur les actions et les services par lesquels le roi avoit mérité cet honneur que le pape daignoit lui faire (1).

Jusqu'à cette époque, la révolte de *Cornouaille* (dont nous avons parlé plus haut) n'avoit eu aucune relation avec l'entreprise de *Perkin*, sinon en tant que cet aventurier, dans le manifeste qu'il avoit publié, ayant promis de supprimer toute epèce d'exaction et d'imposition illégale, cette espérance lui avoit déja concilié, jusqu'à un certain point, l'affection des habitans de ce comté : mais ces secrètes dispositions en sa faveur ne tardèrent pas à éclater; car la clémence dont le roi avoit usé envers ces rebelles, en les renvoyant dans leurs maisons, sans les punir, et en leur permettant de se racheter pour quelques pièces de monnoie, avoit *plutôt flatté que guéri la maladie*. Revenus dans leurs foyers, ils se moquèrent hautement de ce pardon,

---

(1) Moins un prince a de titres légitimes, ou de mérite personnel, plus il aime les décorations qui peuvent, jusqu'à un certain point, lui en tenir lieu aux yeux de la stupide multitude.

prétendant que le roi, en leur pardonnant ainsi, *avoit très bien entendu ses intérêts, attendu que, s'il faisoit pendre tous ceux d'entre ses sujets qui pensoient comme eux, il ne lui resteroit plus personne.* Ils s'échauffèrent les uns les autres par ces propos séditieux, et bientôt ils commencèrent à se soulever de nouveau : mais les plus intelligens d'entre eux ayant appris que *Perkin* étoit en *Irlande*, trouvèrent moyen de lui faire dire que, s'il vouloit venir parmi eux, ils s'engageroient volontiers à le soutenir avec vigueur.

Perkin, ayant reçu cette nouvelle invitation, reprit courage, et délibéra sur ce sujet avec ses confidens les plus intimes, qui étoient alors réduits à trois ; savoir, le *Mercier Hern*, qui avoit fait banqueroute ; *Skelton*, tailleur, et *Astley*, greffier, car *Frion*, son secrétaire, l'avoit abandonné. Ceux-ci lui représentèrent qu'il avoit fait deux fautes capitales ; l'une, en débarquant dans le comté de *Kent* ; et l'autre, en passant en *Ecosse* ;

ce comté, qui étoit peu éloigné de *Londres*, étant *trop sous les yeux du roi*, et la nation *écossoise* étant si détestée en *Angleterre*, que, dans le cas même où tous les Anglois auroient été dévoués à ses intérêts, sitôt qu'ils l'auroient vu arriver avec de tels alliés, pas un n'auroit daigné se joindre à lui; mais que, s'il eût été assez heureux pour se trouver dans le comté de *Cornouaille* au commencement de la dernière révolte, il auroit été couronné à *Westminster*, et seroit actuellement sur le trône; ajoutant que tous ces rois, comme il ne l'avoit que trop éprouvé lui-même à ses dépens, ne se faisoient pas scrupule de sacrifier, de trahir et de vendre même un prince infortuné, pour le plus léger avantage; que le plus sûr pour lui étoit de ne faire fond que sur l'affection du peuple (1).

---

(1) Le parti du peuple, qui a naturellement de son côté le *droit* et la *force*, sembleroit devoir l'emporter toujours; cependant il est toujours vaincu et doit toujours l'être; car il lui manque six cho-

Ils conclurent, en lui conseillant de passer le plutôt qu'il pourroit dans le comté de *Cornouaille*. *Perkin*, suivant ce conseil, se mit aussi-tôt en mer, n'ayant pour toute flotte que quatre ou cinq petites barques, montées par environ cent vingt soldats. Il débarqua, au mois de septembre, à *With-Sand-Bay*, et marcha droit à *Bodmin*, d'où étoit *le maréchal Michel Joseph*, et d'où il étoit parti, comme nous l'avons dit. Au bruit de l'approche de *Perkin*, la populace de ce canton vint se ranger sous ses drapeaux, au nombre de trois mille hommes. Il y

---

ses essentielles, *l'argent, la considération, la méthode, la modération, l'accord et la constance; le parti des misérables est toujours malheureux;* cela est bien triste; mais cela est, il faut s'arranger là-dessus, et les pauvres ne sont pas moins contraires que les riches à la cause du peuple; car si les *riches* veulent qu'on leur laisse leurs *richesses,* les pauvres veulent qu'on leur laisse *l'espérance de s'enrichir,* et ne sont pas moins *corrompus* par la *convoitise,* que les *riches*, par la *possession*

publia un nouveau manifeste, où il faisoit au peuple les plus magnifiques promesses, et flattoit la passion de cette multitude, en se permettant des invectives contre le roi et son administration. Plus il étoit près de sa perte, plus il enfloit son style pour donner de lui-même la plus haute idée; et ce fut alors, pour la première fois, qu'il prit le titre de *Richard IV*, roi d'Angleterre. Son conseil fut d'avis qu'avant tout, il devoit tâcher de s'emparer de quelque ville forte et opulente, soit pour amorcer la multitude affamée, et attirer à son parti tous les nécessiteux et les gens sans aveu, soit pour s'assurer une retraite, en cas de défaite. Toute cette troupe, encouragée par cette double perspective, ne craignit pas d'aller assiéger *Excester*, la ville la plus riche et la mieux fortifiée de ce comté.

Lorsqu'ils furent campés près de cette ville, au lieu de l'attaquer d'abord, ils tâchèrent d'y répandre la terreur par leurs cris et leurs menaces. Quelquefois aussi, se tenant au pied des murailles, ils tâchoient de séduire les habitans par leurs offres, et les exhortoient à ouvrir leurs portes, leur promettant que le roi *Richard* feroit de leur ville une rivale de *Londres*, si elle étoit la première à le reconnoître. Mais cette stupide populace n'eut pas même l'idée de députer vers les habitans de cette ville quelques hommes choisis pour pressentir leurs dispositions, et faire avec eux quelque traité régulier. Aussi les habitans, également sourds aux promesses et aux menaces des rebelles, ne songèrent-ils qu'à donner au roi des preuves de leur courage et de leur fidélité. Il n'y avoit entre eux, à cet égard, aucune différence d'opinion ni aucune mésintelligence dont les assiégeans pussent tirer avantage : mais tous étant déterminés à demeurer dans le devoir, ils se préparèrent, d'un consentement unanime, à la défense de leur ville; car ils voyoient que les rebelles n'avoient pas encore d'assez grandes forces pour mettre la ville en danger, et ils espéroient que le roi leur enverroit du secours avant que les assiégeans eussent reçu du renfort; et quel que pût être le succès de leur défense, ils pensoient que le plus grand malheur qui pût leur arriver, ce seroit de se mettre eux-mêmes à la merci d'une multitude nécessiteuse et indisciplinée. En conséquence, après avoir fait toutes les dispositions nécessaires pour une vigoureuse défense, ils ne laissèrent pas d'envoyer plusieurs d'entre eux pour informer le roi de leur situation; ces couriers se coulèrent au bas des murailles, à l'aide de cordes; ils en expédièrent plusieurs en même temps et par différens côtés, afin que, si les uns étoient pris, les autres pussent y suppléer. *Perkin*, de son côté, craignant que le roi, dont il connoissoit l'activité, n'envoyât du secours aux assiégés, comprit qu'il falloit brusquer l'attaque, et faire les plus grands efforts pour emporter la ville d'emblée. Il fit donc appliquer les échelles aux murs en différens endroits, et en même temps il fit une tentative sur une des portes; mais n'ayant ni artillerie, ni aucune autre machine de guerre, il tenta d'abord d'enfoncer cette porte, à l'aide d'une espèce de *bélier* ou de *mouton*; puis il essaya de l'ouvrir avec de *fausses clefs*, ou des *corbeaux* : mais aucun de ces moyens ne lui ayant réussi, il vit qu'il ne lui restoit plus d'autre expédient que celui de la brûler, s'il le pouvoit; et en effet il y fit mettre le feu. Les assiégés s'étant apperçus de son dessein, remplirent tout le vuide de cette porte, ainsi que l'espace adjacent, de *fascines sèches* qu'ils allumèrent, et vinrent ainsi à bout *de repousser le feu par le feu* (1). Puis, ayant creusé de profondes tranchées, ils amas-

---

(1) Ils ne *repoussèrent pas le feu par le feu*; car ces fascines embrasées n'empêchèrent pas la porte d'être brûlée : mais, pour repousser les assiégés qui vouloient se faire un passage à l'aide du feu, ils le leur fermèrent à l'aide d'un plus grand feu. Ainsi cette pointe de notre auteur ne vaut pas mieux que les deux cents autres que nous avons fait disparoître.

sèrent sur le revers (en dedans) toute la terre qu'ils en avoient tirée; ce qui leur servit *de murs* et *de portes*. Quant à l'*escalade*, cette tentative ne fut pas plus heureuse, et les assiégeans y furent repoussés avec perte de 200 hommes.

Lorsque le roi fut informé que *Perkin* assiégeoit *Excester*, il ne fit que se moquer de cette tentative, et dit à ceux qui l'environnoient, *que le roi des vagabonds avoit pris terre à l'ouest de l'Angleterre, et qu'il espéroit pouvoir enfin jouir de la vue de ce grand personnage; honneur qu'il n'avoit pu encore se procurer*. Ces démonstrations de joie n'étoient rien moins qu'affectées; ce prince, comme ses courtisans n'en purent douter, étant en effet charmé de l'arrivée de *Perkin* en *Angleterre*, d'où cet aventurier ne pourroit s'échapper par terre; et, espérant de pouvoir enfin mettre un terme à ces inquiétudes qui le rongeoient depuis tant d'années, et qui avoient si souvent troublé son sommeil au sein même de ses plus grandes prospérités. En conséquence, pour réveiller l'émulation et le courage de ses partisans, il témoigna fréquemment, par ses discours, que ceux qui se porteroient avec zèle à son service, en cette occasion, et qui l'aideroient du moins à mettre fin à ces troubles, seroient aussi bien accueillis et ne seroient pas moins récompensés que ces journaliers dont il est parlé dans l'*évangile*, et qui, n'étant venus qu'à la onzième heure, ne laissèrent pas de recevoir le salaire d'une journée entière, comme les plus diligens. On vit alors la haute noblesse accourir en foule; à peu près *comme au dénouement de la pièce, on voit presque tous les personnages paroître ensemble sur la scène*. Le roi fit donc marcher devant lui, avec les troupes légères, son *chambellan* (sir *d'Aubeney*), le *baron de Broke* et *Rice Thomas*, qui eurent ordre de se porter en toute diligence au secours d'*Excester*, et d'annoncer, chemin faisant, que le roi les suivoit en personne avec son armée. Le *comte de Devonshire*, accompagné de son fils, ainsi que les *Carrs*, les *Fulfords*, et les seigneurs les plus distingués de cette province, ayant appris que le roi se portoit avec tant d'ardeur à cette expédition, armèrent d'eux-mêmes, et marchèrent aussi-tôt vers *Excester* avec les troupes qu'ils avoient levées, brûlant de prévenir le secours que le roi y envoyoit. Il en fut de même du *duc de Buckingham*; il se mit à la tête d'un grand nombre de jeunes seigneurs qui voulurent servir en qualité de volontaires; il n'attendit pas non plus l'arrivée du roi, ni même celle du chambellan; mais, à la première nouvelle de cette expédition, il forma aussi-tôt un corps de troupes, faisant savoir au roi qu'il étoit déja en armes, et qu'il attendoit ses ordres. En sorte qu'on reconnut, en cette occasion, la vérité de ce proverbe : *quand il n'y a presque plus rien à faire, tout le monde prête la main.*

Au bruit de ces grands préparatifs, *Perkin*, effrayé, leva le siège à la hâte, et se retira à *Taunton*. Déja cet aventurier, sans perdre tout-à-fait de vue cette couronne à laquelle il aspiroit, ne laissoit pas de chercher des yeux un asyle dont il commençoit à sentir le besoin. Cependant il avoit encore d'assez grandes forces; les habitans *du comté de Cornouaille,* que leur première défaite n'avoit rendus que *plus opiniâtres* et *plus mutins,* s'étoient entièrement dévoués à ses intérêts, et avoient juré de répandre, pour sa cause, jusqu'à la dernière goutte de leur sang. Lorsqu'il avoit entrepris le siège d'*Excester,* la réputation que cette tentative hardie avoit donnée à ses armes, ainsi que le desir d'avoir part au pillage d'une ville si opulente, avoit considérablement grossi sa troupe; et quoique la levée du siège en eût fait déserter une partie, son armée montoit encore à près de sept mille hommes. Néanmoins, lorsque *Perkin* fut arrivé près de *Taunton,* il dissimula ses craintes avec soin, et parut employer tout le reste de cette journée à faire ses dispositions pour le combat; mais vers minuit, il prit la fuite avec soixante chevaux, et tira droit vers l'asyle de *Bewley*, dans *la forêt neuve*, où il se réfugia avec une partie de ceux qui l'accompagnoient, laissant tous ses partisans de *Cornouaille* exposés à la vengeance du roi. Par cette lâche conduite, il les dégageoit de leur serment; mais il ne dérogeoit point à cette noble compassion qu'il avoit si souvent affectée pour ses partisans, et il s'acquittoit scrupuleusement du vœu qu'il avoit fait, *de ne se trouver jamais en personne dans les lieux où le sang de ses fidèles sujets seroit répandu*.

Le roi, informé de la fuite de *Perkin*, envoya aussi-tôt cinq cents chevaux sur ses traces, pour se saisir de lui, avant qu'il pût repasser la mer, ou gagner l'asyle; mais ils arrivèrent un peu trop tard, et tout ce qu'ils purent faire, ce fut d'investir cet asyle et d'y laisser une forte garde, en attendant de nouveaux ordres du roi. Quant aux autres rebelles, se voyant ainsi abandonnés par leur chef, ils mirent bas les armes, et implorèrent la clémence du roi. Ce prince, qui n'étoit jamais sanguinaire lorsqu'il se croyoit en sûreté, voyant le péril passé, leur accorda à tous un pardon absolu; *à l'exemple des médecins, qui ne tirent du sang à leurs malades que pour leur sauver la vie, et non pour la leur ôter.* Il n'excepta de ce pardon qu'un petit nombre des plus séditieux, qu'il réserva pour le supplice, afin de faire éclater davantage la clémence dont il usoit envers les autres. Après quoi, il envoya quelques cavaliers au *Mont-Saint-Michel*, dans *le comté de Cornouaille* où *Perkin* avoit laissé *Catherine Gordon*, son épouse, jeune dame en qui l'éclat de mille vertus propres à son sexe étoit réhaussé par cette tendresse constante qu'elle avoit témoignée pour son époux, dans ses disgraces, ainsi que dans ses prospérités. Le roi se hâta d'autant plus de s'assurer d'elle, qu'il craignoit qu'elle ne fût enceinte de *Perkin*; car, si elle l'eût été en effet, la prise ou la mort de cet imposteur n'auroit pas mis fin aux troubles. Au rapport des historiens, lorsqu'elle fut amenée devant le roi, non-seulement ce prince parut sensible à son malheur, mais il la reçut d'une manière très affectueuse; réception d'autant moins étonnante, que son infortune, jointe à sa rare beauté, la rendoit doublement intéressante. Le roi s'efforça de la consoler par l'accueil gracieux qu'il lui fit; puis ce prince, pour ne point manquer à ce que l'honneur exigeoit de lui en pareille circonstance, et peut-être aussi pour se ménager le plaisir d'avoir continuellement sous ses yeux une personne si aimable, l'envoya à la reine; voulant qu'elle occupât auprès de cette princesse une place distinguée; enfin, pour la mettre en état de vivre d'une manière convenable à son rang, il lui assigna une forte pension, dont elle eut la jouissance, non-seulement durant la vie du roi, mais même sous le règne de son successeur.

Cependant le roi poursuivit sa marche, et fit une entrée solemnelle dans

Excester, où il donna de grands éloges aux habitans, et leur témoigna combien il étoit satisfait des preuves de fidélité qu'ils venoient de lui donner. Il fit plus ; ayant détaché l'épée qu'il portoit à son côté, il la donna au *maire,* voulant qu'elle fût toujours portée devant ce magistrat. Il fit ensuite exécuter, dans cette ville, les plus déterminés d'entre les rebelles de *Cornouaille,* comme pour venger les habitans des alarmes et des inquiétudes qu'ils leur avoient données. Puis, ne sachant trop s'il devoit faire grace de la vie à *Perkin,* au cas que cet aventurier prît le parti de quitter son asyle et de se mettre à sa discrétion, il tint conseil à ce sujet. Mais les sentimens se trouvèrent partagés ; les uns vouloient qu'on n'eût aucun ménagement pour *Perkin,* et qu'on le tirât par force de cet asyle, pour le mettre à mort, alléguant, pour tout motif de cette excessive rigueur, la nécessité même où l'on étoit de le faire, et qui, disoient-ils, dispense *ipso facto* du respect ordinaire pour les lieux et les choses sacrées; ajoutant qu'ils ne doutoient nullement que le *pape* ne fût disposé à autoriser cette action par une approbation formelle, ou du moins à l'excuser, en considération des circonstances. D'autres pensoient que le roi étant comme arrivé au port et délivré de toute inquiétude à cet égard, il devoit éviter avec soin toute mesure violente et capable d'exciter de nouveaux mécontentemens. D'autres, enfin, prenant une sorte de milieu entre ces deux premiers sentimens, ne dissimuloient point au roi qu'il seroit toujours impossible de démontrer cette imposture de manière à contenter les plus incrédules, et de voir le fond de cette conspiration, tant qu'on n'auroit pas entre ses mains *Perkin* lui-même, ajoutant qu'on devoit tâcher, en lui promettant la vie et un traitement assez doux, de l'engager à se mettre à la discrétion du roi. Mais, parmi ces conseillers, quelle que fût la diversité de leurs sentimens, il n'y en eut aucun qui, dans son préambule, ne déplorât la destinée du roi, et qui ne parût comme indigné de voir que ce prince, distingué par sa prudence et par tant d'autres vertus, eût été si long-temps et si fréquemment tourmenté par des fantômes de cette espèce. Mais le roi ne parut point ému de ces lamentations, et il se contenta d'observer que les *démons* ayant bien osé attaquer la *divinité* même, ses amis ne devoient pas être étonnés de le voir exposé à de telles attaques; que, pour lui, il avoit toujours méprisé ces fantômes, quant à ses propres risques, quoiqu'il eût été très sensible aux maux sans nombre dont son peuple avoit été affligé à leur occasion. A la fin de cette délibération, le roi s'étant rangé au troisième avis, envoya des personnes choisies pour négocier avec *Perkin*. Cet aventurier, se voyant prisonnier et dépourvu de toute ressource, ayant désormais fait l'épreuve de l'affection des grands et de celle du peuple; enfin, ayant été successivement la victime de leur mauvaise foi, de leurs craintes ou de leur imprudence, accepta avec joie les conditions qu'on lui offroit. Durant le séjour que le roi fit à *Excester*, il donna aussi ordre au *baron d'Arcy*, et à quelques autres commissaires, de condamnér à de grosses amendes tous ceux qui s'étoient joints à *Perkin* ou aux rebelles de *Cornouaille*, soit dans le combat, soit dans les attaques, soit dans sa fuite.

Mais la rigueur et la dureté avec laquelle les commissaires exigèrent ces amendes, répandit des nuages sur la clémence du roi, et en diminua beaucoup le prix. On l'accusa *de n'avoir épargné le sang de ces rebelles, que pour faire à leur bourse une si forte saignée.* *Perkin* fut amené au palais où le roi étoit logé, mais non en sa présence ; ce prince, pour satisfaire sa curiosité, se contentant de le voir quelquefois passer. Cet aventurier jouissoit alors, en apparence, de sa liberté ; mais il étoit gardé à vue, et toujours accompagné de gens qui répondoient de lui. Le roi lui envoya ordre de le suivre à *Londres*, où il fut exposé aux huées et aux railleries de la populace, qui accouroit de toutes parts pour le considérer, lui faisant payer bien cher les vains honneurs dont il avoit joui pendant quelque temps, et voulant, pour ainsi dire, effacer, par mille outrages, la honte d'avoir ajouté foi à une telle imposture. Il fut promené à cheval et très lentement (mais sans autre marque d'ignominie), par les rues de *Cheap-Side* et de *Cornouaille*, jusqu'à *la tour*, et de là mené à *Westminster*, au bruit des malédictions et des insultes de la multitude. Pour compléter ce spectacle, on fit marcher, à quelque distance de *Perkin*, un de ses plus intimes confidens, *maréchal* de profession, et qui avoit été attaché aux écuries du roi. Cet homme, lorsque *Perkin* se fut réfugié dans l'asyle, s'affubla d'un habit d'hermite, et ainsi travesti, se mit à courir le pays; mais bientôt il fut reconnu et arrêté. Ce dernier imposteur, après avoir été promené à cheval par les rues de *Londres*, pieds et mains liés, ne fut point ramené avec *Perkin*, mais retenu dans la tour, et exécuté quelques jours après. *Perkin* alors, devant se connoître mieux que personne, subit un rigoureux interrogatoire. On choisit dans ses aveux tout ce qui pouvoit être divulgué sans inconvénient ; on en fit un extrait qui fut imprimé, et l'on en distribua des copies : mesure imprudente, et qui fut plutôt nuisible qu'utile à la réputation du roi ; car cet écrit étant rempli de détails minucieux sur le père, la mère, l'aïeul et les autres parens de *Perkin*, dont les noms et surnoms y étoient spécifiés, ainsi que ceux des différens lieux où il avoit erré durant tant d'années, on n'y trouvoit aucune particularité intéressante sur la manière dont il avoit exécuté ses desseins, ni sur ceux qui l'avoient secondé. La *duchesse de Bourgogne* elle-même, qui, au su de tout le monde, avoit été le principal mobile et l'ame de toute cette intrigue, n'y étoit pas nommée, ni même désignée ; ensorte que les plus curieux, y trouvant toute autre chose que ces éclaircissemens qu'ils y cherchoient, avoient, après cette lecture, encore plus de doutes et de soupçons qu'auparavant. Mais le roi, s'embarrassant peu de leur jugement, aima mieux ne contenter qu'à demi la curiosité du vulgaire, que d'irriter les grands par d'indiscrètes révélations. De plus, comme ce prince ne fit alors arrêter ou interroger aucune autre personne que celles qui étoient généralement connues pour avoir trempé dans cette conspiration, on ne put savoir si *Perkin* avoit eu d'autres complices. Cependant on en sut assez pour comprendre que ce prince, qui étoit naturellement couvert et dissimulé, n'avoit publié que la moindre partie de ce qu'il savoit.

Vers le même temps, le feu prit, durant la nuit, au *palais de Shine*, près de l'appartement du roi, et cet édifice fut presque entièrement consumé, avec le riche ameublement dont il étoit orné; accident qui engagea le roi à faire bâtir le superbe palais de *Richemond*, qui subsiste encore aujourd'hui.

C'est à cette même année que se rapporte un événement plus mémorable : certain navigateur, appellé *Sébastien Gabato* (*Cabo*), *Vénitien* de nation, très versé dans la *cosmographie*, s'étoit établi à *Bristol*. Ce marin, considérant et enviant peut-être le brillant succès que *Christophe Colomb* avoit eu, six ans auparavant, dans son expédition vers le *sud-ouest*, se persuada, d'après de profondes réflexions sur ce sujet, qu'il devoit y avoir aussi des terres à découvrir vers le *nord-ouest;* conjecture qui étoit sans contredit fondée sur des raisons beaucoup plus fortes que celle de *Christophe Colomb*. En effet, l'ancien continent et le nouveau ayant cela de commun qu'ils ont beaucoup plus d'étendue en *longitude* vers le *nord*, et se terminent en pointe vers le *sud*, c'étoit *sous les parallèles septentrionaux*, où ces deux *continens sont le moins éloignés l'un de l'autre, qu'on auroit dû faire les premières découvertes* (1). D'ailleurs, les navigateurs de ce temps-là n'ignoroient pas qu'on avoit découvert déja vers le *nord* de nouvelles terres qu'on avoit prises pour des *îles*, et qui n'étoient réellement qu'*une partie du continent de l'Amérique septentrionale.* Cela posé, il se peut que *Colomb*, ayant eu connoissance de ces découvertes, et même s'en étant procuré la relation (qu'il aura peut-être supprimée, afin de passer pour avoir eu le premier l'idée d'une telle en-

---

(1) Si l'on savoit, dans le temps dont parle notre auteur, ce que les deux continens avoient *de commun*, on les *connoissoit donc tous deux :* si on les connoissoit tous deux, il n'y avoit plus de découverte à faire en Amérique, et ce raisonnement étoit inutile : mais le fait est que, six ans après la première expédition de *Colomb*, on ne connoissoit encore qu'une partie infiniment petite de la côte orientale de l'*Amérique :* on ne pouvoit donc savoir alors ce que les deux continens avoient de *commun* par rapport à leur figure, et l'on ne pouvoit encore fonder *aucune conjecture* sur cette *analogie.*

treprise), cette connoissance l'ait porté à croire que toute cette partie de la surface du globe qui se trouve à l'ouest de l'Europe et de l'Asie, n'étoit pas entièrement occupée par la mer, et l'ait plus confirmé dans cette opinion, que n'avoient pu le faire la prédiction de *Sénèque* (le *tragique* (1)), la relation de *Platon* sur l'*Atlantide,* ou l'observation de la direction des courans, ou enfin la considération des vents venant de l'*ouest,* qu'il observa des côtes du *Portugal,* et autres raisons de cette nature, qu'on a regardées depuis comme les vrais motifs de son entreprise. Je n'ignore pas qu'on a prétendu qu'un *pilote espagnol,* qui, après avoir fait naufrage, avoit été recueilli par *Colomb,* et étoit mort dans la maison de ce navigateur, lui avoit donné la première idée de cette entreprise. Quoi qu'il en soit, *Cabot* ayant fait entendre au roi qu'il espéroit découvrir une

---

(1) Voyez dans les *essais moraux* (tom. XII, article des *prophéties* ou *prédictions.*)

île d'où il rapporteroit des marchandises précieuses qui pourroient être, dans la suite, l'objet d'un commerce très avantageux pour la nation, engagea ce prince à faire équiper, dans le port de *Bristol*, un vaisseau destiné à aller à la découverte de cette île, et dont il lui donna le commandement. Ce vaisseau fit voile de *conserve* avec trois autres petits bâtimens appartenant à des marchands de *Londres*, et chargés de marchandises de peu de valeur, et telles qu'on les choisit ordinairement pour trafiquer avec des nations sauvages. *Cabot*, avec ces quatre bâtimens, ayant cinglé fort long-temps à l'*ouest-nord-ouest* (comme on le voit par le journal et la carte de son voyage, qu'il publia à son retour), découvrit enfin la terre de l'*Abrador*, dont il rangea la côte septentrionale (orientale) jusqu'au 67e. degré et demi, ayant toujours trouvé une mer libre et découverte (1). Il est également certain que la

---

(1) Notre auteur qui, dans toute cette histoire,

fortune fut près d'offrir à *Henri VII* la possession du vaste empire des *Indes occidentales;* et il ne tint pas à ce prince de faire cette immense acquisition; mais ce fut un pur accident qui la lui fit manquer. Car *Christophe Colomb*, se voyant rebuté par le *roi de Portugal* (qui, selon toute apparence, crut ne pas devoir embrasser tout à la fois la conquête des *Indes orientales* et celle des *Indes occidentales*), chargea *Barthelemi Colomb,*

---

est un écrivain très peu exact, oublie de dire que ce fut ce même *Sébastien Cabot* qui découvrit l'île de *Terre-Neuve*, au *nord-ouest* de laquelle se trouve la petite île du *Quairpont*, d'où l'on découvre, à la distance de 12 ou 15 lieues, la côte méridionale de cette terre de l'*Abrador*, comme je m'en suis assuré par mes propres yeux en 1771. Quelques historiens français prétendent que ce *Cabot* étoit *malouin;* ce ne seroit pas le premier mensonge qu'un auteur anglois se seroit permis, pour enlever aux Français la gloire d'une découverte : car on prétend que cette nation estime assez la nôtre, pour en dire rarement du bien, et presque toujours du mal.

son frère puîné, d'aller proposer cette entreprise au roi d'Angleterre. Malheureusement *Barthelemi* ayant été pris par des pirates, cet accident retarda fort long-temps son arrivée en *Angleterre*, et même si long-temps, qu'avant qu'il pût faire ses propositions à Henri VII, l'expédition de son frère aîné étoit déja terminée avec succès. Ce fut ainsi que la divine providence priva l'*Angleterre* de la possession des *Indes occidentales*, qu'elle avoit réservée à la *cour de Castille*; ce qui piqua tellement ce prince, que, non-seulement il contribua beaucoup à l'expédition de *Cabot*, mais que, dans la seizième et la dix-huitième année de son règne, il fit armer des vaisseaux pour aller à la découverte de nouvelles terres, et en prendre possession en son nom.

Ce fut cette même année, qui étoit la quatorzième du règne de *Henri VII*, que, par une de ces admirables dispositions de la divine providence, qui fait souvent *dépendre des plus petites cau-*

ses, *les plus grands événemens*, un léger accident, et même une action assez criminelle, eut les plus heureuses conséquences. Durant la trève conclue avec l'*Ecosse*, quelques jeunes seigneurs *écossois* étant allés se divertir à *Norham* avec les amis qu'ils avoient dans cette ville, et n'ayant rien à faire, se promenoient quelquefois hors de la ville, et considéroient le château avec un air de curiosité. Des soldats de la garnison les ayant vus deux ou trois fois dans cette attitude, et conservant encore quelque ressentiment des dernières hostilités, les prirent ou feignirent de les prendre pour des espions, et leur donnèrent même cette qualification, ce qui fit naître une querelle très vive, puis des injures, on en vint aux coups; il y eut beaucoup de blessés de part et d'autre, mais les Ecossois eurent le dessous, comme on devoit naturellement s'y attendre, vu qu'ils étoient en pays étrangers; il y en eut même de tués, et les autres ne purent échapper, qu'en regagnant précipitamment les terres d'*E-*

cosse. L'affaire fut débattue entre les gardes des deux frontières ; mais après beaucoup de pourparlers et de discussions, les Ecossois n'ayant pu obtenir la satisfaction qu'ils demandoient, le *roi d'Ecosse* prit cette querelle pour un acte formel d'hostilité, s'imaginant que cette action s'adressoit à sa personne même, et que les Anglois avoient voulu lui faire un affront. En conséquence, il envoya un héraut au *roi d'Angleterre*, pour lui demander une réparation de cette insulte, et lui déclarer la guerre, en cas de refus. *Henri*, qui n'avoit déja que trop éprouvé l'inconstance de la fortune, et qui avoit un penchant décidé pour la paix, se contenta de répondre qu'il n'avoit eu aucune part à ce qui s'étoit passé, la garnison de *Norham* ayant agi contre ses ordres formels, et à son insu ; que, si les soldats de cette garnison se trouvoient coupables, il les châtieroit sévèrement, sa volonté étant que la trève fût observée dans tous ses points. Mais le roi d'*Ecosse*, loin de se contenter de cette réponse, la prit pour le refus indirect d'une réparation, s'imaginant que *Henri* ne cherchoit qu'à gagner du temps, dans l'espérance qu'à la longue cette affaire s'assoupiroit d'elle-même. L'évêque *Fox* ayant appris du roi même que celui d'*Ecosse* étoit encore mécontent, et voyant avec chagrin que s'il y avoit une rupture à cette occasion, ce seroient les soldats de la garnison de son propre château qui en auroient été la cause, adressa au *roi d'Ecosse* plusieurs lettres très respectueuses et très soumises, pour adoucir le ressentiment de ce prince. Cette démarche produisit en partie l'effet qu'il en attendoit, et le *roi d'Ecosse* répondit qu'il auroit égard à ces lettres de l'évêque, et qu'il les regardoit comme un commencement de satisfaction; mais qu'une telle réparation ne lui paroissoit pas encore suffisante, et qu'il ne croiroit l'injure complètement réparée, qu'après qu'il auroit eu une entrevue avec lui, soit pour terminer cette querelle même, soit pour régler d'autres points concernant les intérêts réciproques des deux royaumes. *Fox* accepta ce parti, et ayant reçu de son maître des instructions à ce sujet, passa en Ecosse; la conférence s'ouvrit à *Melrosse*, où la cour étoit alors. Le *roi d'Ecosse* commença par témoigner avec assez de hauteur à l'*évêque* combien il se tenoit offensé de la violence avec laquelle la garnison du château de *Norham* (qui appartenoit à ce prélat), avoit rompu la trêve. *Fox* répondit à ce prince avec tant de douceur et de respect, que *ses paroles furent comme un baume appliqué sur la plaie*. Or, c'étoit en présence du conseil de ce prince qu'ils se parloient sur ce ton; mais ensuite le roi eut avec *Fox* une conférence secrète, où lui ouvrant tout-à-fait son cœur, il lui dit que toutes ces trèves ou ces paix faites sur-le-champ, étoient *aussi-tôt rompues que conclues;* qu'il auroit souhaité contracter une union plus étroite et plus durable avec le *roi d'Angleterre*, ce qui seroit facile, si ce prince daignoit lui accorder en mariage la princesse *Marguerite*, sa fille aînée; qu'une telle alliance uniroit les deux rois par un lien indissoluble; que n'ignorant pas le pouvoir que ce prélat avoit sur l'esprit du roi d'Angleterre, ni la haute faveur où il étoit auprès de ce prince, il ne doutoit nullement que, s'il vouloit bien prendre cette affaire à cœur, il ne pût la faire réussir, et le mettre au comble de ses vœux. *Fox* répondit modestement qu'il s'estimoit plus heureux d'être chargé par sa majesté le *roi d'Ecosse*, d'une négociation si importante, qu'il ne s'en croyoit digne; qu'il prêteroit avec joie son ministère pour ménager cette alliance, et n'épargneroit aucun soin pour en presser la conclusion. Peu de temps après, *Fox* retourna auprès de son maître, qu'il instruisit, dans le plus grand détail, de tout ce qui s'étoit passé dans cette entrevue. Puis, voyant que non-seulement ce prince goûtoit la double proposition du *roi d'Ecosse*, mais même témoignoit une sorte d'empressement pour cela, lui conseilla de commencer par conclure une paix solide, et de passer ensuite par degrés au traité qui concernoit le mariage. Cette paix ayant été conclue sans difficulté, elle fut proclamée un peu avant Noël, et dans la quatorzième année du règne de *Henri*. Ce traité devoit subsister durant la vie des deux rois, et même un an après la mort de celui qui auroit survécu à l'autre. Il contenoit entre autres clauses, celle-ci : qu'à l'avenir aucun Anglois ne pourroit passer en Ecosse, ni aucun Ecossois passer en Angleterre, sans des lettres de recommandation de son souverain respectif. Cette clause sembloit, à la première vue, tendre à empêcher qu'il ne s'établît une trop grande familiarité entre les deux nations; mais la vérité est qu'elle étoit destinée à contenir les habitans et les troupes des deux frontières, qui étoient cause de presque toutes les ruptures.

Cette même année, la reine eut un troisième fils, auquel on donna sur les fonts le nom d'*Edmond*; mais cet enfant mourut peu de temps après sa naissance. A peu près vers le même temps, la mort de *Charles VIII, roi de France*, ayant été annoncée en *Angleterre*, la mémoire de ce prince fut honorée d'un *catafalque* et de toute la pompe funèbre qui étoit d'usage en pareille circonstance.

Peu de temps après, *Perkin*, qui n'étoit pas homme à vivre tranquille dans une prison, ayant trouvé moyen de tromper la vigilance de ses gardes, prit la fuite vers les côtes. Dès qu'on se fut apperçu de son évasion, on courut sur ses traces, et il fut poursuivi de si près, que, se voyant obligé de revenir sur ses pas, il se jeta dans la maison de *Bethléem* (*Bedlam*), appellée alors le *Prieuré de Shine*, mais qui jouissoit encore du droit d'asyle, et se mit entre les mains du *prieur*. Cet ecclésiastique, à qui sa réputation de sainteté avoit concilié la vénération des peuples, alla aussi-tôt trouver le roi, et le supplia d'accorder du moins la vie à *Perkin*, en lui infligeant d'ailleurs tel châtiment qu'il lui plairoit. Ceux qui avoient déja conseillé au roi de ne point ménager *Perkin*, plus animés que jamais contre cet aventurier, pressèrent de nouveau ce prince, et très vivement, de le faire tirer par force de cet asyle, et de le faire pendre sur-le-champ; mais *Henri* rejeta encore ce conseil violent; la hauteur naturelle de son caractère ne lui permettant pas de le suivre, ni *de haïr un homme qu'il méprisoit*, il se contenta de donner cet ordre que je transcris, en rapportant ses propres expressions : *qu'on tire ce coquin de son asyle, et qu'on le mette au pilori*. En conséquence de cet ordre, *Perkin* fut tiré de cet asyle, sous promesse qu'il auroit la vie sauve, et deux ou trois jours après il fut exposé publiquement sur un échafaud, ayant les fers aux pieds et le carcan au cou, d'abord dans la cour de *Wetsminster*, et le lendemain *à la croix de Cheap-Side*. Dans ces deux lieux, on l'obligea de lire lui-même à voix haute les aveux qu'il avoit déja faits, et dont nous avons parlé ci-dessus, après quoi, il fut ramené et resserré très étroitement dans la tour de *Londres*. Mais comme nous l'avons aussi observé précédemment, le roi avoit une si grande influence sur sa propre fortune, qu'on ne pouvoit démêler les succès qu'il lui devoit, d'avec ceux qu'il ne devoit qu'à sa propre adresse. On crut alors qu'il avoit lui-même provoqué cette évasion de *Perkin*, par les facilités qu'il lui avoit fait laisser dans cette vue ; que, durant la fuite de ce malheureux, il avoit eu sans cesse les yeux sur lui, le *tenant*, pour ainsi dire, *au bout de sa ligne*; et qu'il lui avoit tendu ce piège, afin d'avoir un prétexte pour le faire périr, et mettre fin, par sa mort, à toute cette intrigue. Mais ces conjectures étoient tout-à-fait dénuées de vraisemblance ; car, si le roi eût en effet provoqué l'évasion de *Perkin*, ceux qui auroient été d'intelligence avec ce prince, et chargés par lui d'avoir les yeux sur le fugitif, ne lui auroient pas laissé le temps de se jeter dans l'asyle.

Mais il étoit écrit dans le livre des destinées, *que le faux Plantagenet seroit cause de la perte du véritable;* car, peu de temps après, cet imposteur trouva le secret de gagner et d'attacher à ses intérêts quelques-uns de ses gardes, et quatre domestiques de *sir Jean Digby, lieutenant de la tour;* savoir, *Strang-Way, Blewet, Astwood et Roger-Long.* Il tâcha de les éblouir par ses magnifiques promesses; mais sentant bien que le misérable état auquel sa fortune étoit réduite, lui ôtoit toute considération, et ne pouvoit nourrir les espérances de qui que ce fût (les espérances, dis-je, car c'étoit tout ce qu'il pouvoit offrir alors, n'ayant plus rien à donner), il conçut un dessein aussi vaste que ceux où il avoit échoué tant de fois, et qui avoit je ne sais quoi de tragique, ce fut d'associer à son entreprise *Edouard Plantagenet,* comte *de Warwich,* qui étoit, comme lui, détenu dans *la tour.* Ce jeune prince, ennuyé de sa longue prison, et tremblant à chaque instant pour sa vie, n'étoit que trop susceptible de semblables impressions, et que trop disposé à entrer dans tout projet tendant à sa délivrance. *Perkin* considéroit, que ne devant pas trop compter sur le zèle de ces domestiques, qui ne pouvoient avoir pour lui que du mépris, il pourroit du moins profiter lui-même des services qu'ils rendroient au jeune comte, pour lequel ils auroient plus de considération et de dévouement. En conséquence, ayant sondé deux ou trois fois *Warwich*, à l'aide de ces domestiques, et obtenu son consentement, il fit les dispositions nécessaires pour l'exécution, et il fut convenu entre eux que les quatre domestiques, après avoir tué leur maître, et mis la main sur son argent, sur ses bijoux et autres effets, aussi faciles à emporter que précieux, se saisiroient des clefs de *la tour*, et s'en serviroient pour mettre en liberté *Perkin* et le jeune *comte*. Mais ce complot ne put échapper à la vigilance de *Henri*, et il fut découvert un peu avant le moment choisi pour l'exécution ; découverte qui jeta encore quelque odieux sur ce prince ; car la haute idée qu'on avoit de sa prudence et de son adresse, fit soupçonner qu'il avoit lui-même fait suggérer ce nouveau dessein à *Perkin*, et que ce malheureux n'avoit été, en cette occasion, qu'un aveugle instrument, dont il s'étoit servi pour attirer dans le même piège le comte de *Warwich*, et les *envelopper, pour ainsi dire, tous deux dans le même filet*. Ces soupçons furent confirmés par l'apparition d'un nouvel imposteur, dans le temps même où ils tramoient cette conspiration, et qui sembla n'être qu'une nouvelle machine que le roi faisoit jouer ; car ce fut alors qu'on vit paroître sur la scène *Rodolphe Wilford*, fils d'un cordonnier, jeune homme qui prétendoit être le véritable *comte de Warwich*, et qu'un *augustin*, nommé *Patrice*, avoit exercé à représenter ce personnage : ils passèrent ensemble du comté de *Suffolk* dans celui de *Kent*, où ce moine ne se contenta pas de faire entendre sous main que *Wilford* étoit le vrai *comte de Warwich*; mais trouvant le peuple de ce canton très disposé à ajouter foi à cette fable, il eut l'impudence de déclarer la même chose en pleine chaire, et d'exhorter le peuple à soutenir ce jeune homme; mais le prétendu comte, et le moine qui le dirigeoit, ayant été arrêtés sur-le-champ, furent condamnés l'un et l'autre à une prison perpétuelle. Cet événement qui arrivoit si à propos pour donner lieu aux partisans les plus zélés de *Henri*, de représenter avec exagération le péril continuel où la personne du *comte de Warwich*, tant qu'il existeroit, mettroit le roi, et pour colorer d'un prétexte spécieux la cruauté avec laquelle il sévit contre l'infortuné comte; l'extravagance même de ce moine, qui osoit rendre public l'attentat qu'il méditoit, avant de s'être mis en état de l'exécuter, et de s'être fait un parti; l'impunité accordée à ce religieux (grace toutefois qui n'avoit eu d'autre motif que le privilège annexé à son ordre); enfin la compassion du peuple qui, lorsqu'elle est portée à son comble, ne se manifeste en faveur des malheureux, qu'en faisant réjaillir sur ceux qui paroissent être les causes de leur malheur, une haine proportionnelle; ces différentes considérations, dis-je, firent naître de violens soupçons contre le roi, et l'on pensa assez généralement que le tout avoit été arrangé de longue main par ce prince même, et n'étoit que le produit compliqué de ses artifices et de ses suggestions. Quoi qu'il en ait pu être, *Perkin*, qui avoit abusé une seconde fois du pardon que le roi lui avoit accordé, et qui ne méritoit plus de grace, ayant été amené à *Westminster* devant les commissaires nommés pour lui faire son procès, y fut atteint et convaincu de crimes de haute trahison, de plusieurs espèces, par lui commis depuis son arrivée en Angleterre (car tels furent les termes formels de sa sentence, les juges l'ayant ainsi réglé, parce qu'il étoit étranger);

enfin, condamné au gibet, et exécuté à *Tyburn*, où il fut encore obligé de lire ses aveux et de les confirmer de sa propre bouche, un instant avant son supplice. Telle fut la fin de ce roi fantastique, si profond dans l'art de faire illusion, et qui compta plusieurs souverains parmi ses dupes. Cette espèce de *tragi-comédie*, une des plus longues et des plus mémorables dont l'histoire fasse mention, auroit eu un tout autre dénouement, si ce comédien n'avoit eu affaire à un prince qui sût, par sa prudence et sa fermeté, s'assurer des succès aussi multipliés que mérités (1).

Quant aux trois confidens de *Perkin*,

---

(1) *Note de* HUME.) Quelques écrivains modernes ont été assez visionnaires, pour douter que *Perkin* fût un imposteur, et même pour le croire le vrai *Richard Plantagenet, duc d'Yorck*. Mais, pour réfuter ces idées chimériques, il suffit de réfléchir sur les observations suivantes.

1°. Si la reine-mère et les autres chefs du parti de la maison d'*Yorck* n'eussent pas été certains de la mort des deux jeunes princes, auroient-ils

qui s'étoient réfugiés avec lui dans l'asyle, soit qu'ils aient obtenu leur grace, ou qu'ils aient continué de vivre dans cet asyle, ils ne furent point traduits en jugement, et l'histoire n'en fait plus men-

---

acquiescé à la proclamation du *comte de Richemond*, chef du parti de la maison de *Lancastre*, et lui auroient-ils fait épouser la princesse *Elizabeth* ?

2°. L'histoire, constamment racontée par *Perkin*, que ceux qui avoient assassiné son frère, avoient eu pitié de lui, et lui avoient rendu la liberté, est tout-à-fait incroyable.

3°. Qu'étoit-il devenu, pendant sept ans écoulés depuis sa mort présumée, jusqu'au moment où il parut en *Irlande*, en 1491 ? Pourquoi *la reine-mère*, *la duchesse de Bourgogne* et les autres amis de sa famille n'avoient-ils pris, durant tout ce temps, aucun soin de son entretien et de son éducation ?

4°. Vainement *la duchesse de Bourgogne* le reconnut-elle pour son *neveu*; elle ne pouvoit mériter aucune confiance, ni faire autorité en sa faveur, après avoir reconnu de même *Lambert Simnel*, autre imposteur démontré.

5°. D'ailleurs, *Perkin* lui-même avoit avoué

tion (1). Avec *Perkin*, on exécuta le maire *de Corke* et son fils, qui avoient été les principaux instrumens de cet aventurier, et qui avoient trempé dans tous ses complots. Peu de temps après,

---

plusieurs fois son imposture, et lu devant le peuple qui la voulut entendre, la confession qu'il en avoit déja faite. On a prétendu que cette confession lui avoit été extorquée, à force de tourmens; mais cette conjecture n'est fondée sur l'autorité d'aucun historien.

6°. Il renouvella sa confession au pied de la potence où il expira.

7°. Après l'avénement de *Henri VIII* à la couronne, les titres de la maison d'*Yorck* et ceux de la maison de *Lancastre* étoient confondus; on n'avoit plus besoin de constater ceux de *Henri VII*. Enfin, tous les historiens du temps où l'événement étoit encore récent, et quelques autres postérieurs de la plus grande autorité, tel que *sir Thomas Morus*, s'accordent à traiter *Perkin d'imposteur*.

(1) Ce qui porteroit à croire que ce n'étoient que trois agens ou espions de *Henri VII* qui avoient conseillé à *Perkin* de passer dans le comté de *Cornouaille*, pour le faire tomber dans les filets de ce prince.

on condamna huit autres personnes, pour cause de la conspiration tramée dans la *tour*. De ce nombre étoient *les quatre valets du lieutenant;* mais de ces huit, il n'y en eut que deux d'exécutés. Immédiatement après le supplice de ces derniers, l'infortuné *comte de Warwich* fut amené devant le *comte d'Oxford*, qui reçut alors le titre de *grand sénéchal d'Angleterre*, et accusé, non d'avoir tenté de s'évader *de la tour* (car ce dessein n'avoit pas été exécuté, et, dans le cas même où il l'auroit été, le comte n'étant pas détenu pour *crime contre l'état*, une tentative de cette nature n'auroit pu, suivant les loix du pays, être qualifiée de *trahison*), mais d'avoir conspiré avec *Perkin*, pour exciter des révoltes dans le royaume, et commettre des attentats contre la personne du roi; ensorte que le comte ayant tout avoué, fut condamné, sur cet aveu, et quelques jours après, décapité sur l'esplanade de la tour.

Telle fut la fin d'*Edouard*, comte de

Warwick, fils aîné du *duc de Clarence*, jeune prince dont le sort tragique excita la compassion universelle. On vit s'éteindre en sa personne la ligne masculine des *Plantagenet*, qui avoit occupé le trône avec tant de splendeur et de gloire, depuis *Henri II* qui régna lui-même avec tant d'éclat : nous devons observer toutefois, pour ne rien dissimuler, que cette race illustre *s'étoit souvent baignée dans son propre sang*. Elle subsiste encore aujourd'hui, mais seulement par les *femmes*, et a été comme *transplantée* dans d'autres familles illustres, dont quelques-unes ont donné des souverains. Quoique la conviction et l'aveu du crime, ainsi que la *raison d'état*, semblassent justifier cette exécution, le roi ne put en pallier l'atrocité. A la vérité, pour diminuer quelque peu l'odieux qu'elle jetoit sur lui, il tâcha de le partager avec *Ferdinand, roi d'Espagne*; et ces deux princes s'entendoient si bien, qu'il ne fut pas très difficile à *Henri* de montrer des lettres qu'il avoit reçues de *Ferdinand*, où ce prince, entre autres observations sur le mariage projeté, lui écrivoit en propres termes, que la succession au trône ne lui paroîtroit jamais assurée aux fils de *Henri*, tant que le *comte de Warwick* seroit vivant, et qu'il ne se détermineroit pas sans peine à exposer sa fille à tant de troubles et de dangers, en la donnant au prince *de Galles*. Mais si *Henri*, par cet artifice, réussissoit à diminuer quelque peu la haine qu'il avoit encourue en sacrifiant *Warwick* à sa propre sûreté ; d'un autre côté, il ne voyoit pas qu'en usant d'un tel prétexte, il attachoit à ce mariage une sorte de *malédiction* et de *mauvais présage* qui fut comme vérifié par les événemens ultérieurs ; car le prince *Arthur* ne vécut pas long-temps avec *Catherine* (*infante d'Espagne*). De plus, cette princesse qui, par ses sentimens religieux, méritoit une destinée plus heureuse, ayant appris que *Henri VIII* (son second époux) se proposoit de faire divorce avec elle, ne put s'empêcher de dire que pour elle elle ne se sentoit coupable d'aucune faute qui méritât d'être punie par un tel affront, mais qu'elle y voyoit *l'accomplissement des justes jugemens de Dieu ;* son premier mariage ayant été, pour ainsi dire, *signé avec le sang innocent* (1) *:* c'étoit de celui du *comte de Warwick* qu'elle parloit.

Durant cette même année, une maladie contagieuse occasionnant une grande

___

(1) Si elle n'étoit pas coupable elle-même, l'affront que lui faisoit *Henri VIII,* en la répudiant, n'étoit pas l'accomplissement des justes jugemens de Dieu. D'ailleurs, si le premier mariage de cette princesse avoit été signé avec un sang innocent, le second ne l'avoit pas été ainsi. Comme Dieu souffre en ce monde de plus grandes atrocités qu'il ne punit que dans l'autre, toutes ces interprétations de *capucin, qui donnent toujours raison au ciel, pour donner toujours tort aux hommes,* n'expliquent rien. Cependant, lorsque ces erreurs religieuses produisent un sentiment de *résignation,* ce qui est le plus heureux effet des vérités philosophiques, elles peuvent être utiles.

mortalité dans la ville de *Londres*, le roi, après avoir fréquemment changé de séjour, passa à *Calais* avec la reine son épouse, tant pour se préserver plus sûrement de la contagion, que pour se ménager une occasion de s'aboucher avec l'*archiduc*. Dès qu'il eut débarqué dans cette ville, l'*archiduc* envoya une magnifique ambassade, pour le complimenter sur son arrivée, et lui faire savoir qu'il avoit dessein d'aller en personne le saluer, pour peu que sa majesté l'eût agréable. Les ambassadeurs ajoutèrent que leur maître souhaitoit que le roi d'Angleterre marquât, pour cette entrevue, un lieu qui fût hors d'une place fortifiée, attendu que, dans une occasion semblable, il avoit refusé au *roi de France* de s'aboucher avec lui dans un lieu de cette dernière espèce ; qu'à la vérité il mettoit une grande différence entre ces deux rois, mais qu'il craignoit que, s'il se trouvoit une première fois avec un souverain dans un lieu fortifié, quelqu'autre prince, auquel il se fieroit moins qu'au roi d'Angleterre, n'en prît occasion de lui faire une semblable demande (1). Le roi témoigna la satisfaction que lui donnoient les civilités de l'*archiduc*, il voulut bien se payer de son excuse, et marqua, pour l'entrevue, l'église de *Saint-Pierre*, qui étoit hors de *Calais*. Il fit, à son tour, complimenter l'*archiduc* par ses ambassadeurs, qui furent le *baron de Saint-Jean* et l'un des *secrétaires d'état*. L'*archiduc* leur fit un accueil très gracieux, et poussa la civilité au point d'aller avec eux entendre la messe *à Saint-Omer*, ayant à sa droite le baron, et à sa gauche le secrétaire d'état. Le jour de l'entrevue, les deux princes étant à cheval, le roi s'a-

---

(1) Voilà certes de la défiance palliée par de bien mauvaises raisons : mais, lorsqu'un fripon veut s'aboucher avec un autre, il a doublement droit de prendre ses précautions. Or, la plupart des rois ne se croient point obligés d'être honnêtes gens; et leurs flatteurs prétendent que les vrais principes de la *politique* sont et doivent être très différens de ceux de la *morale*.

vança un peu au-delà de l'église, comme pour aller au-devant de *l'archiduc*. A son approche, ce jeune prince se hâta de mettre pied à terre, et s'offrit à lui tenir l'étrier; mais le roi ne voulant pas recevoir de lui cette marque de respect, descendit aussi de cheval, embrassa très affectueusement *l'archiduc*, le prit par la main, entra avec lui dans l'église, et le conduisit dans le lieu préparé pour leur entrevue; lieu où, dans une longue conférence, ils traitèrent différens points, concernant la confirmation des traités précédens, et deux mariages réciproques à contracter; savoir, celui de *Henri*, duc *d'Yorck*, second fils du roi, avec la fille de l'archiduc; et celui de *Charles*, fils aîné de *l'archiduc*, avec *Marie*, seconde fille du roi. Mais ces brillans projets ne furent que de simples souhaits, et de purs témoignages d'une bienveillance réciproque. A la vérité, l'un de ces deux mariages fut conclu quelque temps après, mais il ne fut pas *consommé*. Quoi qu'il en soit, durant toute l'entrevue, les deux princes traitèrent ensemble avec la plus grande cordialité, et ne s'épargnèrent pas les témoignages d'amitié; démonstrations plus marquées et plus sincères de la part de l'*archiduc*. Car, outre que ce jeune prince étoit d'un caractère fort doux et d'un naturel très affectueux, comme il n'ignoroit pas la conduite peu généreuse de son conseil envers le roi d'Angleterre, relativement à l'entreprise de *Perkin*, et le mécontentement qu'il lui avoit donné à ce sujet, il s'efforçoit, en cette occasion, de lui faire oublier ce mauvais procédé, et de regagner son affection. De plus, son père (*Maximilien*) et son beau-père (*Ferdinand, roi d'Espagne*), auxquels les succès du *roi de France* donnoient de l'inquiétude, ayant recommandé à l'*archiduc* de ménager avec le plus grand soin la bienveillance du *roi d'Angleterre*, afin de le faire servir de *contre-poids*, en l'opposant à *Louis XII*; ce jeune prince profita avec joie de l'occasion pour mettre en pratique ces sages conseils. Dans cette conférence, il cajoloit *Henri*, l'appellant son *protecteur*, son *patron*, son *père*; car telles furent ses propres expressions, comme on en put juger par la lettre même que le roi écrivit à ce sujet à la ville de Londres; lettre où il entroit dans le plus grand détail sur les civilités et les témoignages de respect qu'il avoit reçus de l'*archiduc*, en cette occasion. On vit aussi arriver *à Calais* le gouverneur de *Picardie* et le *bailli d'Amiens*, députés par le *roi de France* au *roi d'Angleterre*, pour lui faire part de ses succès, et lui annoncer qu'il avoit achevé la conquête du *Milanois* (1). Le roi sembloit

---

(1) Les Français ont conquis tant de fois cet opulent duché, qu'ils sont désormais bien assurés de ne le posséder jamais, ou de ne pouvoir le conserver que par des prodiges multipliés de génie et de courage. Mais pourquoi l'avons-nous toujours conquis et perdu avec tant de facilité? Un événement si souvent répété doit être produit par une cause continue; la voici: il y a entre le caractère des Français et celui des Italiens une montagne cent fois plus haute que les *Alpes*; les Italiennes nous appellent, mais les Italiens nous chassent; et si, en Italie,

se rappeler avec complaisance cette entrevue de *Calais*, comme le prouve assez cette lettre même dont nous venons de parler, dont il circula des copies dans la ville de *Londres*, et qui y fut, pendant quelque temps, le sujet de tous les entretiens. Car, quoique ce prince ne sût pas se concilier l'affection des habitans de cette grande ville, par les mêmes voies qu'*Edouard IV*, il s'efforçoit néanmoins de leur plaire, et de se les attacher par son affabilité et par les faveurs qu'il répandoit sur eux (1).

---

nous menons les femmes à la messe, *les hommes nous mènent à vêpres :* en un mot, c'est précisément parce que les Italiennes nous aiment, que les Italiens nous haïssent. Nous pouvons changer la forme de gouvernement d'un peuple conquis; mais nous ne pouvons changer le fonds de son caractère, qui est l'effet du climat : or, climat chaud — ardeur pour les femmes — jalousie — haine pour les individus et les peuples galans — expulsion de ces galans par la force ou la trahison : cet oracle est plus sûr que celui de Calchas.

(1) En quoi il commettoit la même faute que tous ces autres souverains qui sacrifient leurs pro-

Cette même année mourut *Jean Morton*, *chancelier* d'Angleterre, *archevêque* de *Cantorbery* et *cardinal*; personnage qui ne se distingua pas moins par son *éloquence* que par son *habileté*. Cependant son caractère altier et ses manières impérieuses lui avoient fait beaucoup d'ennemis; ce qui ne l'empêcha pas d'*être aimé du prince, en proportion qu'il étoit haï de la noblesse et du peuple*. Si Perkin, en publiant cette liste des flatteurs du roi, qui faisoit partie de son manifeste, n'y comprit point *Morton*, ce ne fut rien moins que par attachement et par respect pour ce prélat, mais c'étoit pour ne point choquer le *pape*, dont cet ecclésiastique étoit

---

vinces à la capitale, au lieu de substanter et d'animer également toutes les parties de leurs états. D'ailleurs, les habitans de *Londres* se défioient avec raison de ces *faveurs verbales* de *Henri VII*, l'expérience leur ayant appris que ces *flatteries* étoient toujours la *préface* de quelque *nouvelle imposition*.

l'image, et, en quelque manière, le représentant en Angleterre, par cette dignité de cardinal dont il étoit revêtu. Cette haute faveur où il étoit auprès du roi, et la confiance que ce prince, d'ailleurs si défiant, lui accordoit, peut être attribuée à différentes causes. D'abord, à son zèle, à sa vigilance et à son habileté; puis à sa fidélité qui ne s'étoit jamais démentie durant les plus grandes disgraces de son maître : à quoi l'on peut ajouter la haine secrète et invétérée que ce prélat portoit à toute la maison d'*Yorck*, ayant essuyé quelques mauvais traitemens sous le règne de tel prince de cette maison. Enfin, il dérivoit volontiers sur lui-même l'odieux que le roi encouroit fréquemment par certaines mesures(1), et même plus que son maître ne l'auroit

___

(1) Notre auteur vante continuellement la prudence de *Henri VII*; et cependant il avoue presque à chaque page, que ce prince encouroit fréquemment la haine publique : comment concilier ces deux choses?

souhaité; car ce prince ne cherchant point de subterfuge, et ne daignant pas voiler ses passions, se présentoit de front à la haine publique; ce qui augmentoit sans doute cette haine, mais la rendoit moins hardie. Quant à ces rigoureuses exactions que le roi se permettoit quelquefois, et qu'on attribuoit aux suggestions de ce prélat, on reconnut après sa mort qu'il n'avoit fait que s'y prêter par pure complaisance pour son maître dont il connoissoit le naturel cupide, et que, loin de flatter cette vicieuse inclination, il avoit tâché de la modérer. Sous le règne de *Richard III*, *Morton* ayant été confié *au duc de Buckingham*, qui avoit ordre de le faire garder à vue dans son propre palais, il excita secrètement ce seigneur à abandonner le parti de l'usurpateur; mais, *lorsque l'orage creva, le prêtre sauta dans la chaloupe, et se sauva sur le continent* (1). Au

---

(1) Non-seulement le clergé ne garantit point l'imprudent qui s'expose pour le sauver, mais mê-

reste, quand on trouveroit dans la vie de ce personnage plus d'actions blâmables que de louables, il mériteroit toutefois d'autant plus que la postérité honorât sa mémoire, qu'il fut *le principal instrument de la réunion des deux roses.* Il mourut dans un âge très avancé; son corps, ainsi que son ame, ayant conservé jusqu'à la fin toute sa vigueur.

L'année suivante, qui fut la dernière du quinzième siècle, et la seizième du règne de *Henri,* on célébra *à Rome le grand jubilé.* Le *pape Alexandre,* voulant épargner aux fidèles les frais et les périls d'un long voyage, en les dispensant d'aller en personne gagner les in-

---

me il le livre à l'ennemi, comme l'apprirent à leurs dépens *Henri III, roi de France, Charles I et Jacques II, rois d'Angleterre,* etc. *Le prêtre,* ainsi que le soldat, *va toujours du côté de la caisse;* semblable à cet animal domestique qui est l'emblème de l'*égoïsme* et de la *perfidie,* il s'attache, non au maître de la maison, comme on le croit communément, mais à cette maison même, au local où il trouve sa commodité.

dulgences dans cette capitale du monde chrétien, se détermina à accorder ces graces spirituelles à tous ceux qui consentiroient à payer une certaine somme qu'il fixa, et crut devoir se contenter de cette espèce d'*équivalent. Comme il étoit plus commode aux fidèles de recevoir chez eux ces indulgences, il étoit juste qu'ils payassent cette commodité.* En conséquence, il envoya en *Angleterre Gaspard Pons*, avec le titre de *commissaire du saint siége;* personnage beaucoup mieux choisi pour une telle commission que ne le furent ces commissaires que le *pape Léon X* envoya depuis *prêcher* et *vendre les indulgences* en *Allemagne* (1) : car il ménagea cette affaire

---

(1) Les commissaires de Léon X eurent l'imprudence de manger, en partie, l'argent provenu des indulgences, dans le pays même où ils l'avoient levé : au lieu que celui-ci, à l'exemple de ses prédécesseurs, eut la discrétion de le manger ou de le laisser manger tout en Italie ; conduite d'autant plus juste, que le saint siége vit des indulgences qu'il accorde aux fidèles, et de l'indulgence qu'il en reçoit.

avec tant de prudence et de dextérité, toujours *sous une apparence de sainteté et de pieuses intentions*, que, sans causer aucun scandale, il tira de l'Angleterre de grosses sommes d'argent qu'il versa dans le trésor du saint père. Quelques personnes s'imaginoient que le roi s'étoit approprié une bonne partie de cet argent. Mais une lettre que le cardinal *Adrien* écrivit depuis au roi, prouvoit assez que cette imputation n'étoit qu'une calomnie; car ce même prélat que le roi employa pour engager le *pape* à expédier une bulle de dispense pour le mariage projeté entre le prince *Henri* (qui régna depuis sous le nom de *Henri VIII*) et l'*infante Catherine*, voyant que ce pontife avoit peine à l'accorder, ne trouva point de motif plus puissant pour l'y déterminer, que le service même que *Henri VII* (père de ce prince) avoit rendu au saint siège dans l'occasion dont nous parlons; le roi d'Angleterre ayant alors laissé à *Pons* toute sa *collecte*, sans en réserver pour lui-même un seul denier (1). Mais, pour contenter la nation, il sut lui persuader que cet argent n'étoit destiné qu'à de pieux usages; le même nonce apporta depuis au roi un *bref du pape*, par lequel le saint père exhortoit ce prince à entreprendre, en personne, une sainte expédition contre le *Turc*. Car le souverain pontife (dans sa sollicitude paternelle), voyant cet ennemi de la foi faire les plus rapides progrès presque sous ses yeux, avoit souvent proposé dans l'assemblée du *sacré col-*

---

(1) Ne se pourroit-il pas que *monsignor Pons* eût été d'intelligence avec le *roi d'Angleterre*, et lui eût dit : *Sire, mettez-moi à même de faire une bonne collecte, je vous en laisserai une partie, j'en garderai une autre, je donnerai le reste au pape, tout le monde sera content, et le saint nom de Dieu sera béni?* Car il est difficile de se persuader qu'un prince aussi cupide que *Henri VII*, ait laissé tranquillement emporter de si grosses sommes d'argent de son royaume, sans en retenir une partie, et se soit contenté d'*Agnus Dei*. D'ailleurs, notre auteur a dit plus haut que ce prince, dans une occasion semblable, s'étoit arrangé avec le *collecteur du pape*, de manière à lo-

lège, en présence de tous les ambassadeurs des princes étrangers, de se coaliser pour *la guerre sainte*, c'est-à-dire, pour une expédition générale de tous les princes chrétiens contre les infidèles. Dans cette auguste assemblée, il avoit été arrêté, d'un consentement unanime, que les *Hongrois*, les *Bohémiens* et les *Polonois* feroient une irruption dans la *Thrace*; que les *Français* et les *Espagnols* attaqueroient la *Grèce*; et que le *pape* (qui ne balançoit pas à exposer sa

---

ger dans ses propres coffres une partie de ce *saint argent*, et qu'alors *le service du roi ne souffrit point du service de Dieu*. De plus, comme les *sujets du roi payoient* au *trésor papal*, pour les *indulgences du pape*, il étoit juste que le *collecteur* du *pape payât* aussi au *trésor royal*, pour *l'indulgence du roi*. Enfin, le lecteur doit se rappeller que *Henri VII* avoit fait passer au parlement un bill, qui imposoit de grosses amendes à tous les négocians qui n'auroient pas converti en marchandises du pays tout l'argent provenu de la vente des leurs, et que les *facteurs du pape* n'avoient pas été exceptés.

personne et à se sacrifier lui-même pour une cause si sainte), accompagné du *roi d'Angleterre*, des *Vénitiens* et des autres puissances maritimes, se porteroit, avec une puissante flotte, dans la *méditerranée*, et iroit droit à *Constantinople*, pour en faire le siège. Le *pape*, dans cette vue, avoit député des *nonces* à tous les princes chrétiens, tant pour les exhorter à terminer tous leurs différens, que pour les engager à contribuer de leur argent et de tous leurs moyens, à l'exécution d'une si grande et si sainte entreprise. A cette *exhortation papale*, le roi, qui connoissoit très bien les secrets sentimens et les vues du *saint père*, fit une réponse plus fastueuse que sérieuse : elle portoit en substance, que le pape ne trouveroit pas, dans toute la chrétienté, un prince plus disposé que le roi d'Angleterre à déférer à ses augustes volontés, non-seulement en sacrifiant toutes ses troupes et tous ses trésors pour cette guerre sacrée, mais même sa personne, en s'y portant lui-même, s'il en étoit le maître; mais qu'il lui faudroit deux fois plus de dépenses et au moins deux fois plus de temps, pour lever des troupes de débarquement, et les transporter dans les lieux qui seroient le théâtre de la guerre, qu'il n'en faudroit aux princes dont les états se trouvoient plus près de l'ennemi; qu'en outre, la forme de ses vaisseaux (vu qu'il manquoit de *galères*), ses pilotes, ses matelots, en un mot, toute sa marine étoient beaucoup moins propres pour faire voile et combattre dans la *méditerranée,* que celles de ces mêmes princes; qu'en conséquence, il seroit plus à propos que sa sainteté voulût bien se faire accompagner dans cette expédition par un de ces princes qui étoient plus à portée de le faire; que, par ce moyen, on épargneroit beaucoup de temps et d'argent; qu'il faudroit aussi prendre quelques mesures tendantes à prévenir la jalousie et la mésintelligence qui pourroient naître entre les *rois de France et d'Espagne,* pour le commandement de l'armée, si ces deux princes marchoient en personnes contre la *Grèce;* que, pour lui, il n'épargneroit ni ses troupes, ni ses trésors, pour contribuer à une si sainte entreprise ; qu'au reste, si ces deux monarques refusoient d'accompagner sa Sainteté à cette guerre, il sacrifieroit toute autre considération, et l'y suivroit plutôt que de l'y laisser aller seule, à condition toutefois que tous les différens survenus entre les princes chrétiens, et encore subsistans, seroient terminés ; ce qui suppose que lui-même ne seroit retenu par aucune espèce de guerre ou de révolte qui exigeât sa présence ; et que quelques ports d'Italie seroient remis entre ses mains, pour servir de retraite et de sûreté à ses troupes et à sa personne.

Le *nonce* s'en retourna avec cette réponse, et n'en fut pas plus mécontent, car il s'y attendoit assez. Cependant cette même déclaration du roi, toute vague qu'elle étoit, ne laissa pas de donner une si haute idée de ce prince dans les autres états, que les *chevaliers de Rhodes,* peu de temps après, l'élurent *protecteur de leur ordre*. Tout sembloit alors concourir à la gloire d'un prince qui s'étoit déja acquis une si haute réputation par sa prudence et sa politique.

Durant ces deux dernières années, quelques hérétiques furent traduits en jugement; genres de procès qui furent très rares sous ce règne : mais au lieu de les condamner au feu, on se contenta de leur imposer de *simples pénitences* (1).

_____

(1) Cette conduite doit servir d'exemple à tous les princes. Ce n'est point une *peine* qu'on doit infliger à des *hérétiques*, mais seulement une *pénitence*; et ce n'est point le *magistrat* qui doit exercer cette *sainte animadversion*, mais un *confesseur;* car l'*hérésie* n'est pas un *crime*, mais seulement un *péché*, ou plutôt ce n'est qu'une *erreur* qu'il faut détruire, non en *brûlant* l'homme qui *se trompe*, mais en *l'éclairant*, en le livrant *au feu de la charité*, et non *au feu de bois*. Les récompenses que la foi nous propose étant, dans l'autre monde, les peines décernées pour les délits contre la religion, ne doivent pas non plus être infligées dans celui-ci. La force publique, comme l'a observé *Locke*, n'ayant été instituée que pour

Et quoique *Henri* ne fût rien moins qu'un *scholastique* et un *pédant*, il eut cependant l'honneur d'en convertir un par la force de ses raisonnemens (1).

---

garantir la *vie*, la *liberté*, les *biens*, l'*honneur*, etc. des sujets, ou des citoyens, c'est en abuser, et en pervertir l'usage, que de l'employer à soutenir des opinions religieuses; et tout homme qui interrompt les véritables fonctions du magistrat, pour l'exciter à sévir contre un hérétique, mérite lui-même d'être châtié comme perturbateur du repos public. L'essence de toute religion est l'intime persuasion des opinions qu'elle enseigne : or, la violence ne persuade point, et *la terreur n'est pas la foi*. Tout homme qui, en remplissant ses devoirs de citoyen, manque à quelque devoir imposé par une secte quelconque, même par la secte dominante, n'en est pas moins orthodoxe, par rapport au magistrat qui ne doit connoître que des délits dont il peut avoir connoissance; et tout chrétien orthodoxe qui, sous prétexte de charité, veut brûler un hérétique, avant de l'avoir converti et pour le damner à coup sûr, est hérétique par rapport à l'état. Ce n'est pas l'incrédule qu'il faut mettre à mort, mais le tyran qui le persécute.

(1) Tous les raisonnemens d'un théologien qui commande à trente légions, et qui est en état de

Quoiqu'à cette époque le roi semblât être débarrassé pour toujours de ces princes fantastiques dont l'apparition avoit si souvent troublé son repos, des person-

---

couper les oreilles à ceux qui ne l'écoutent pas, sont autant d'argumens péremptoires. D'ailleurs, *Henri VII* avoit dans ses coffres de quoi fermer la bouche à tous les hérétiques, et avoir toujours raison. Car, s'il est toujours beau de conquérir les ames, on ne peut pas toujours les avoir *gratis*; et trop souvent, pour pouvoir les revendre avec profit, il faut commencer par les acheter. La misère fait bien des prosélytes; et tel change de religion pour avoir du pain, comme l'a dit *J. J. Rousseau*. *Henri VII*, qui croyoit avoir besoin du *pape*, pour légitimer et sanctifier son usurpation, cajoloit le saint père, en se faisant successivement son *fermier général*, son *champion* et son *missionaire*. Quand un usurpateur ne sait pas s'affermir sur le trône en méritant la confiance des citoyens, qui en est la véritable base, il faut bien qu'il s'adresse à Dieu ou à son vicaire, faute de mieux. Enfin, *Jacques I*, roi d'Angleterre, aimoit à argumenter sur des matières de théologie, pour opérer des conversions; et notre auteur étoit un écrivain au service de *Jacques I*, dont *Henri VII* étoit le héros.

nages moins éclatans, mais qui avoient plus de réalité, l'inquiétoient encore quelquefois ; les fantômes et les inquiétudes dont ils étoient la *source*, lui venoient toujours de la même région ; je veux dire de la maison d'*Yorck*. Car, vers le temps dont nous parlons, le *comte de Suffolk* (fils d'*Elizabeth*, sœur aînée d'*Edouard IV*, et du *Duc de Suffolk*, son époux en secondes noces), et frère de *Jean, comte de Lincoln* (tué à la bataille de *Stoke*), lui donna de l'occupation pendant quelque temps. Ce seigneur, d'un caractère très violent, ayant tué un homme dans un mouvement de colère, obtint sa grace du roi ; mais *Henri* lui fit payer assez cher ce pardon ; car, soit pour lui imprimer une légère tache, soit pour lui faire mieux sentir le prix de cette grace qu'il vouloit lui accorder, il permit qu'on le traduisît en jugement devant les tribunaux ordinaires, et lui fit délivrer publiquement un *diplôme d'abolition*. Un tel procédé fit sur le comte l'impression qu'il fait toujours sur une ame fière, et le souvenir de cet affront resta plus profondément gravé dans son esprit, que celui de la grace qu'il avoit obtenue. En conséquence, ayant le cœur ulcéré contre le roi, il passa en *Flandre,* et se réfugia auprès de la *duchesse de Bourgogne,* sa tante. Cette fuite causa d'abord au roi quelque inquiétude; mais ensuite ce prince, à qui une continuelle épreuve du danger avoit appris à user de remèdes aussi prompts que doux, parvint à appaiser ce seigneur, à l'aide des paroles gracieuses qu'il lui fit porter, et des offres avantageuses qu'il lui fit faire par ses agens; ensorte que le comte prit le parti de revenir en Angleterre, et de se réconcilier avec le roi; retour d'autant moins étonnant, qu'il ne devoit plus espérer d'être soutenu par la duchesse, cette princesse, désormais lasse d'échouer dans toutes ses tentatives contre *Henri,* n'étant plus tentée de faire de nouvelles expériences en ce genre; sans compter qu'elle avoit été sensible aux ménagemens que ce prince avoit eus pour elle, en ne permettant pas que son nom fût articulé dans les aveux de *Perkin*; procédé qui avoit un peu adouci son ressentiment.

Au commencement de l'année suivante, qui étoit la dix-septième du règne de ce prince, on vit arriver en *Angleterre la princesse Catherine*, quatrième fille de *Ferdinand* et d'*Isabelle* (*roi et reine d'Espagne*). Elle débarqua à *Plimouth*, le 2 d'octobre, et le 14 novembre suivant, elle fut épousée par le prince *Arthur*: ce mariage fut célébré dans l'*église de Saint-Paul*; le prince avoit alors environ seize ans, et la princesse dix-huit. Il seroit inutile d'entrer dans de grands détails sur la réception qu'on lui fit à son arrivée en Angleterre, sur son entrée dans la ville de *Londres*, et sur les cérémonies observées à ses noces. On sent assez que le roi déploya toute sa magnificence en cette occasion; le bel ordre qui régna dans les fêtes données à ce sujet, répondit à leur splendeur et à leur somptuosité; ce qui paroîtra d'autant moins étonnant, que le génie de l'évêque *Fox* y présida. Cet illustre personnage, dont le grand sens savoit s'appliquer à tout, ne s'entendant pas moins à ordonner une fête, à régler une cérémonie, à décorer un temple, et à faire les honneurs à la cour d'un grand prince, qu'à le soulager du poids de l'administration, soit dans la guerre, soit dans la paix. Les négociations relatives à ce mariage avoient duré sept ans; on pouvoit attribuer ce délai à l'âge encore tendre du prince et de l'*infante*; mais la véritable cause de cette lenteur fut la prudence même des deux rois, dont chacun, sachant mûrir ses desseins, prenoit tout le temps nécessaire pour considérer la situation de l'autre, avant de se décider; persuadé d'ailleurs qu'en attendant la conclusion de ce traité, cette négociation même qui étoit entamée, faisoit croire aux autres princes que la plus étroite union régnoit entre eux; ce qui leur étoit utile à tous deux, quoiqu'ils n'eussent pris aucun engagement sur ce point. Mais enfin la fortune de l'un et de l'autre prenant de jour en jour plus de consistance et de stabilité, comme ils ne voyoient point autour d'eux d'alliances plus avantageuses, ils terminèrent cette longue négociation, à la satisfaction des deux partis, et ce mariage fut conclu.

La dot que cette princesse apporta à son époux, et qui devoit lui tenir lieu de tous ses droits auxquels elle renonçoit, fut de *cent mille ducats,* dont une moitié devoit être payée dix jours après la célébration du mariage; et l'autre, en deux années; savoir, cinquante mille chaque année. Cependant une partie de cette somme devoit être employée en bijoux et joyaux, ainsi qu'en vaisselle d'or ou d'argent, et l'on prit des mesures pour en faire faire l'estimation exacte; on assigna pour douaire à cette princesse le tiers de la principauté de *Galles,* du duché de *Cornouaille* et du comté de *Chester;* terres qui devoient être séparées formellement, et par des limites distinctes, d'avec celles dont elles faisoient alors partie ; mais ce traité ne déterminoit rien par rapport au douaire qu'elle devoit avoir, au cas qu'elle devînt reine d'Angleterre. Il y étoit dit seulement que ce douaire ne seroit pas moindre que celui qui étoit ordinairement alloué aux reines d'Angleterre.

Dans tous les spectacles donnés à l'occasion de ce mariage, et dans toutes les pièces composées à ce sujet, on emprunta beaucoup d'emblêmes de l'*astronomie*. L'*infante* y étoit représentée par l'*étoile du matin*, et le prince *Arthur,* par celle d'*Arcturus.* Le vieil *Alphonse,* roi d'*Espagne,* prince qui étoit un des ancêtres de la princesse, et qui s'étoit illustré par ses hautes connoissances dans l'*astrologie,* paroissoit sur la scène, et y venoit prédire toutes les prospérités qui devoient être les conséquences de cet heureux mariage. Quelque idée qu'on puisse se faire de ces bagatelles, de telles fictions n'étoient rien moins que *pédantes-*

ques (1). Au reste, croyez que l'auteur d'une telle pièce n'eut garde d'oublier ce fameux *Arthur,* roi de la *grande Bretagne,* sur lequel on a inventé tant de contes ou de fables, et qu'il oublia en-

---

(1) Cependant la comparaison du prince *Arthur* avec l'*étoile* nommée *Arcturus,* fondée sur la seule *analogie des deux noms,* n'est qu'une *affectation pédantesque;* mais, comme notre auteur avoit semé lui-même dans cette histoire beaucoup de semblables affectations que j'ai fait disparoître, elles ne devoient point lui paroître telles. Ce goût pour les *comparaisons,* les *métaphores,* les *emblêmes,* et en général pour les *figures* qui ont pour base des *analogies* purement *verbales, grammaticales* ou *méchaniques,* est propre à *l'enfance des individus et des nations;* c'est par là qu'on commence: de-là aussi la *rime, inventée* par les *Goths,* et adoptée par le grand *Racine,* parce que, pour plaire, il faut absolument se prêter, du moins en partie, au goût, bon ou mauvais, des gens auxquels on parle. Lisez l'histoire du siècle de *Bacon* et des neuf ou dix siècles précédens, vous y trouverez par-tout, dans la prose, dans les vers, dans les édifices, dans l'armure, et même dans la liturgie, des *pointes et des tours de force.*

core moins de faire dire à ces personnages, que *l'infante Catherine* étoit elle-même issue de la maison de *Lancastre*. Quoi qu'il en soit, il semble que cette manie de vouloir lire dans les astres la destinée des princes, leur porte malheur ; car ce jeune prince qui étoit alors non-seulement l'espoir et l'amour de la nation angloise, mais même l'objet de l'attention de toute l'Europe, mourut au mois d'avril suivant, dans son château de *Ludlow*, où le roi avoit voulu qu'il fît sa résidence avec sa cour, en qualité de *prince de Galles*. L'histoire ne nous a laissé aucune particularité intéressante sur ce jeune prince, soit par cette raison même qu'il fut enlevé à la fleur de son âge, soit parce que le roi n'étoit pas homme à faire briller ses enfans, et à attirer sur eux l'attention publique. Tout ce que les historiens nous apprennent à son sujet, c'est que, dès ses premières années, il aima les sciences et les lettres, qu'il y fit de rapides progrès, et qu'à l'époque de sa mort il avoit déja acquis plus de connoissances et de lumières que n'en ont ordinairement à cet âge les fils de rois.

Le mariage de ce jeune prince donna lieu à un doute important, lorsqu'il fut question du divorce de *Henri VIII* avec *l'infante Catherine ;* divorce qui excita tant de troubles, et occasionna une si grande révolution (1). Il s'agissoit de sa-

---

(1) Ce divorce, combiné avec l'invention de *l'imprimerie,* avec le reflux des sciences, des lettres et des arts dans l'Italie (reflux occasionné par la prise de *Constantinople*); enfin avec l'*audacieuse* et *méthodique opiniâtreté* de *Luther,* porta un coup terrible aux bases du catholicisme et de la superstition. Car ce divorce occasionna la séparation de l'église anglicane d'avec l'église romaine; et cette séparation tourna, contre la *cour de Rome,* tout le génie et toute la fermeté de la nation angloise. Or, en fait de philosophie, la France imite l'Angleterre; et tout le reste de l'Europe imite la France, sur-tout depuis que *Voltaire* et *Jean-Jacques* ont écrit. Mais, à cet égard, comme à tant d'autres, *tout n'est pas fait, parce que tout n'est pas dit :* il ne manquoit à ces deux écrivains qu'une république, et il ne nous manque à nous républicains que leur génie.

voir si le prince *Arthur* avoit consommé son mariage avec son épouse (l'infante); car, si cette consommation avoit eu lieu, elle auroit été une *cause suffisante* pour opérer ce divorce. A la vérité, *Catherine* elle-même nia le fait, ou du moins ses avocats persistèrent dans cette négation, qu'ils regardoient comme un de leurs principaux *moyens*, quoique l'objet de la principale question fût de savoir si le *pape* avoit, sans restriction, le *pouvoir de dispenser*, et si sa dispense auroit été valable, dans le cas même où la consommation auroit eu lieu. Ce doute fut de très longue durée, et donna lieu à de très grandes discussions, parce que, dans cette question, il s'agissoit de régler les droits respectifs de *Marie* et d'*Elizabeth*, qui régnèrent consécutivement, et dont les légitimations (quoique leurs droits à la succession eussent été confirmés par acte du parlement), étoient visiblement incompatibles. Or, dans le temps où l'opinion publique étoit favorable à la légitimation de la *reine Marie*, on prétendit que le prince *Arthur* n'avoit pas consommé son mariage, non qu'alors on voulût refuser au pape le pouvoir absolu de dispenser, même dans le cas de consommation, mais seulement pour ménager la délicatesse de la *reine*, et pour rendre sa cause encore meilleure. Au contraire, dans le temps où la nation étoit favorable à la légitimation de la *reine Elizabeth*, temps plus long et plus récent, on soutenoit que cette consommation avoit eu lieu. Quoi qu'il en soit, toujours est-il certain qu'on mit un intervalle de six mois entre l'époque de la mort du prince *Arthur* et celle où le prince *Henri* prit le titre de *prince de Galles*; délai assez long, d'où l'on inféroit que, jugeant le mariage consommé, on avoit cru devoir laisser écouler ce temps pour s'assurer si *Catherine* étoit enceinte du fait d'*Arthur*. De plus, *Catherine* elle-même obtint depuis une nouvelle bulle du pape, tendante à valider son mariage, et contenant cette clause : ***vel forsan cognitam*** (*même dans le cas* *où elle auroit été connue*), clause qui ne se trouvoit pas dans la première bulle. De plus, lorsque cette affaire étoit sur le tapis, on alléguoit pour preuve de cette consommation, une plaisanterie du prince *Arthur*. Ce prince, disoit-on, le lendemain de ses noces, se levant d'auprès de son épouse, demanda à boire, contre son ordinaire ; et voyant sourire malignement le page qui lui présentoit le vase, lui dit, en souriant aussi : *J'ai été la nuit dernière au milieu de l'Espagne ; et comme le climat de ce pays-là est fort chaud, il n'est pas étonnant que j'aie soif : si toi-même qui souris, tu avois été obligé de faire un tel voyage, tu en serois revenu bien plus altéré;* à quoi l'on peut ajouter que ce prince ayant déja seize ans, lorsqu'il mourut, étoit d'ailleurs d'une constitution saine et robuste (1).

Au mois de février suivant, le *duc d'Yorck* fut créé *prince de Galles*, puis

---

(1) Puisqu'il mourut à l'âge de seize ans.

comte de *Chester* et de *Flint*; car le duché de *Cornouaille* lui étoit dévolu par un acte du parlement. Le roi, qui auroit été obligé d'assigner un second douaire, si son fils eût épousé toute autre princesse que la veuve d'*Arthur*, qui ne se dessaisissoit pas volontiers de son argent, et que son inclination, d'accord avec la raison d'état, portoit à entretenir l'alliance qu'il avoit contractée avec *Ferdinand* (dont le caractère sympathisoit fort avec le sien), souhaita que ce jeune prince épousât l'*infante Catherine*; et, après avoir éprouvé de sa part toute la résistance dont un jeune homme de douze ans est capable, il vint enfin à bout de l'y déterminer; car, en vertu des secrètes dispositions de la divine providence, il étoit arrêté que ce mariage seroit une source d'événemens extraordinaires, et la cause d'une grande révolution.

La même année, le mariage projeté entre *Jacques, roi d'Ecosse*, et *Marguerite*, fille aînée de *Henri*, fut célébré à

Londres; il le fut *par procureur,* et proclamé *à la croix de Saint Paul;* le même jour on chanta le *Te Deum,* suivant l'usage ; mais la joie que les habitans de *Londres* témoignèrent en cette occasion, par le son des cloches, par les feux allumés dans une infinité d'endroits, et autres semblables démonstrations, fut beaucoup plus vive qu'on n'auroit dû naturellement s'y attendre, vu la haine et la jalousie qui régnoient de tout temps entre les deux nations, et que les deux dernières guerres avoient comme attisée : cette joie étoit plus étonnante à *Londres* que par-tout ailleurs ; cette capitale étant trop éloignée de l'ennemi pour avoir ressenti, comme les frontières, les maux causés par les guerres précédentes, et pour tirer autant d'avantages de la cessation des hostilités ; ce qui me porteroit à croire qu'on pourroit attribuer ce sentiment général d'alégresse à une sorte de *secrette inspiration,* qui n'agit pas moins sur la multitude que sur les princes, et à une espèce de *pressentiment* des heureuses conséquences que devoit avoir cette alliance; le mariage fut consommé, au mois *d'août* suivant, dans la ville d'*Edimbourg*. Le roi voulut bien accompagner lui-même la princesse sa fille jusqu'à *Colliweston*, où il la remit entre les mains du *comte de Northumberland*, qui, avec un cortège nombreux, et composé de la plus haute noblesse des deux sexes, la mena au *roi d'Ecosse*, son époux. Les négociations, pour ce mariage, avoient duré près de trois ans, à compter depuis l'époque où ce prince avoit fait les premières ouvertures à *Fox*, sur ce sujet. La dot que le roi donna à sa fille, fut de *dix mille livres sterlings*. Le *roi d'Ecosse* assigna à son épouse un douaire de *deux mille livres de rente*, et elle ne devoit jouir que de la moitié de ce revenu, durant la vie de ce prince. Ces rentes étoient constituées sur des terres *d'un produit clair et net*. On prétend que, lorsque le roi mit en délibération, dans son conseil, le projet de ce mariage, quelques-uns de ses conseillers ne craignirent pas de lui objecter que cette alliance pouvoit avoir de très grands inconvéniens, attendu que, si les deux fils de sa majesté venoient à mourir sans enfans, *l'Angleterre seroit réunie à l'Ecosse*, ce qui seroit très préjudiciable à la nation angloise : Non, répondit aussi-tôt le roi, *si cet évènement que vous craignez avoit lieu, ce seroit alors l'Ecosse qui seroit réunie à l'Angleterre, et non l'Angleterre à l'Ecosse ; car c'est le plus grand royaume qui attire le plus petit* (1). Ainsi en

_____

(1) Attendu que *l'attraction réciproque des royaumes, ainsi que celle des corps (inertes) est en raison directe des masses*. Au reste, l'objection des conseillers de *Henri VII* étoit beaucoup plus sage que sa réponse. A la vérité, il étoit clair que, si un roi d'Ecosse venoit à succéder à la couronne d'Angleterre, il feroit plus volontiers sa résidence à *Londres* qu'à *Edimbourg* : mais il l'étoit aussi qu'il y ameneroit un grand nombre d'Ecossois, pour lesquels il auroit une prédilection marquée; préférence qui exciteroit la jalousie des

donnant la princesse MARGUERITE au ROI D'ECOSSE, nous serons moins exposés à cet inconvénient que vous m'objectez, qu'en la donnant au ROI DE FRANCE ou à son héritier présomptif. Cette réponse du roi passa pour un ora-

Anglois, et seroit une semence de troubles. Or, ce qui pouvoit arriver arriva en effet; car, lorsqu'après la mort d'*Elizabeth*, *Jacques VI*, roi d'*Ecosse*, succéda à la couronne d'*Angleterre*, il amena avec lui une infinité d'Ecossois : il répandit presque toutes les graces sur cette nation détestée des Anglois qui, dans leur ressentiment, portèrent les premiers coups à la prérogative royale, et préparèrent ainsi cette terrible révolution qui coûta la couronne et la vie à *Charles I*. Ainsi *Henri VII*, en donnant sa fille au roi d'Ecosse, coupoit la tête à *Charles I*, et ses conseillers avoient plus de prévoyance que lui. L'*Ecosse* et l'*Angleterre étant*, pour ainsi dire, de *plain-pied*, il n'étoit pas très difficile de les réunir : au lieu que, pour réunir l'*Angleterre à la France*, il auroit fallu *passer l'eau*. Mais ce n'est pas la première fois qu'une sottise enveloppée dans une phrase symmétrique, qu'un vrai jeu de mots a passé pour un *oracle*, et a renversé ou ébranlé un empire.

cle, et réduisit au silence ceux qui avoient hazardé l'objection.

Il sembloit que cette année dût être marquée dans les fastes de *l'Angleterre* par des événemens mémorables et de natures opposées, je veux dire, par des *morts*, ainsi que par des *mariages*; car aux réjouissances et aux fêtes données à l'occasion des deux mariages dont nous venons de parler, succédèrent bientôt les *funérailles* et le *deuil* du prince *Arthur* et de la reine *Elizabeth*; cette princesse mourut en couches à la tour, et son enfant lui survéquit peu. Ce fut aussi vers ce même temps que *Henri* perdit *sir Regnaud Debrai*: c'étoit de tous les membres du conseil celui qui parloit au roi avec le plus de liberté, et qui le flattoit le moins; ce qui n'empêcha pas que les exactions de *Henri*, qu'on attribuoit aux suggestions de ce seigneur, ne le rendissent plus odieux qu'il ne méritoit de l'être.

Le roi étoit alors dans la plus éclatante prospérité, et ses affaires étoient dans un état d'autant plus florissant, que ses alliances avec la *Bourgogne*, l'*Espagne* et l'*Ecosse*, concouroient à l'affermir sur le trône, à l'enrichir, et à assurer sa tranquillité.

Les bruits de guerre ne se faisoient plus entendre que du côté de l'Italie, *comme un tonnerre éloigné*. Ce fut à cette époque que la cupidité naturelle du roi, que des disgraces ou des dangers continuels avoient jusqu'alors réprimée, commença à rompre les liens qui la retenoient, et que tous les sentimens et toutes les pensées de ce prince, prenant la teinte de ce honteux penchant, le portèrent à fouler ses peuples, et à thésauriser. Or, comme les princes trouvent beaucoup plus aisément des instrumens et des ministres pour satisfaire leurs passions vicieuses, que pour exécuter ce qu'exigent d'eux l'honneur et leur véritable intérêt, le roi en trouva aussitôt deux selon son cœur, et disposés à se prêter à ses vues, autant et même plus qu'il ne le souhaitoit. C'étoient *Empson* et *Dudley*, deux hommes sans principes et sans honneur, que le peuple regardoit comme deux sang-sues destinées à pomper toute sa substance, et qui détournoient à leur profit une partie du produit des exactions de leur maître. *Dudley* qui étoit d'une assez bonne famille, et qui ne manquoit pas d'éloquence, avoit le funeste talent de pallier, par des discours modérés, les actions les plus tyranniques ; mais *Empson*, homme de basse extraction (il étoit fils d'un *cordier*), dédaignoit tous les ménagemens de son collègue, qu'il croyoit fort inutiles, et, faisant gloire de son infamie même, alloit droit au but. Ces deux hommes, jurisconsultes distingués, et membres du conseil privé, étoient revêtus d'une grande autorité. Ainsi, comme ce sont les meilleures choses qui ont les plus funestes effets lorsqu'elles viennent à se corrompre, ces deux ministres de l'avidité du prince abusoient des loix et de la justice même qui n'étoient entre leurs mains qu'un instrument de concussion et de brigandage ; se prévalant de leur profonde connoissance des formes de la procédure, ils excelloient à revêtir d'insidieuses formalités les injustices les plus criantes ; car, en premier lieu, ils faisoient accuser juridiquement le sujet opulent qu'ils vouloient pressurer ; et sur cette plainte, lorsqu'elle se trouvoit fondée, ils le faisoient aussi-tôt emprisonner. Mais alors en vain demandoit-il à être entendu dans ses défenses, sourds à toutes ses représentations, ils le faisoient languir dans cette prison, par des délais concertés ; ils lui faisoient entendre qu'il devoit redouter son jugement autant qu'il paroissoit le desirer, et lorsqu'ils étoient parvenus à l'effrayer, ils le rançonnoient impitoyablement, exigeant de lui des sommes exorbitantes ; rançons qu'ils qualifioient d'*adoucissemens* et de *compositions*.

Ensuite l'habitude du crime et des succès multipliés augmentant leur audace, ils ne daignoient plus observer la moitié de ces formalités dont nous venons de parler, et négligeoient l'apparence même de la justice. Ils expédioient, de leur autorité privée, l'ordre d'arrêter tel citoyen que bon leur sembloit; de le faire comparoître devant eux, ou quelques autres hommes de même trempe, qui étoient à leur dévotion, et cela dans leurs propres maisons, ou dans celles de ces derniers, sans autre titre que la simple commission dont ils étoient revêtus : là, sans autre forme de procès, et par une voie aussi expéditive qu'irrégulière, je veux dire, par celle d'un simple examen qu'ils leur faisoient subir eux-mêmes, sans le concours des douze *jurés,* ils prononçoient des jugemens arbitraires, s'arrogeant le pouvoir de connoître de toutes les affaires relatives aux droits de la couronne et de toutes les contestations entre particuliers. Ce n'étoit pas tout ; à l'aide de fausses informations, chargeant de redevances féodales les rentes ou les terres des particuliers; et excellant à faire trouver des défauts de formes dans les contrats d'acquisition, ils s'attribuoient les *tuteles*, les *premières saisines*, les *lods et ventes*, ou autres droits qui en dépendoient, fatiguant par des délais artificieux les sujets lésés, et refusant de les admettre *à évincer* ces fausses enquêtes par des voies légales. De plus, lorsque les *pupilles du roi* (les mineurs qui étoient sous la *garde-noble*) étoient parvenus à la majorité, ils ne pouvoient se mettre en possession de leurs terres, ou autres biens, qu'en payant des sommes exorbitantes. Enfin, ces deux ministres inventoient une infinité de calomnies et de chicanes, pour vexer les *tenanciers* et les *engagistes* de la couronne, en les faisant paroître coupables d'usurpation. Lorsqu'un accusé avoit été condamné par contumace, il ne lui étoit plus permis de solliciter sa grace qu'en offrant une somme considérable, et s'il refusoit de consentir à la composition prescrite, son jugement, qui alors emportoit confiscation de biens, étoit exécuté à la rigueur ; et, même sans faire intervenir la loi, on saisissoit pour deux ans la moitié des terres et des rentes de tout homme condamné par défaut, comme une amende exigible en pareil cas. De plus, le *grand* et le *petit jury* (composés, l'un de vingt-quatre membres, l'autre de douze, et destinés à juger du simple *fait*) intimidés par les menaces d'*Empson* et de *Dudley*, et étant devenus leurs esclaves, étoient forcés de conformer tous leurs jugemens aux volontés de ces deux tyrans, ou lorsqu'ils s'y refusoient, ils étoient eux-mêmes accusés, incarcérés et condamnés à de grosses amendes.

Je ne sais trop si je ne devrois pas plutôt ensevelir dans un éternel oubli tous ces genres de concussions et de vexations qu'ils se permettoient, que les consigner dans cette histoire, où ils peuvent offrir à leurs semblables de dangereux exemples (1). Quoi qu'il en soit, on voyoit

___

(1) Les honnêtes gens cherchent de bons exemples dans l'histoire, et les fripons y en cherchent de mauvais : or, l'histoire offre plus de mauvais exemples que de bons; et il y a plus de fripons que

sans cesse ces deux hommes fondre sur le peuple pour le piller ; semblables à deux faucons, *apprivoisés pour le profit de leur maître, et sauvages pour leur propre intérêt;* ensorte qu'en fort peu de temps ils s'engraissèrent de la substance du peuple, et amassèrent des biens immenses ; mais le principal instrument de leurs rapines étoient les *loix pénales,* qui leur servoient à vexer les grands et les petits indistinctement, et qu'ils exerçoient avec une tyrannique sévérité, s'embarrassant peu si elles étoient justes ou injustes, avantageuses ou nuisibles, nouvelles ou anciennes, et tombées en désuétude, possibles ou impossibles dans l'exécution. Ils fouilloient sans cesse dans le code national, y cherchant tous les statuts, soit anciens, soit nouveaux, qui

---

d'honnêtes gens : l'histoire est donc, généralement parlant, plus nuisible qu'utile ; en nous offrant le tableau des succès multipliés du crime audacieux et méthodique, elle le resème sans cesse dans l'univers, car tout homme veut réussir.

pouvoient leur servir de prétexte et de moyen pour piller la nation, quoique la plupart de ces loix ne fussent destinées qu'à imprimer la terreur aux coupables, ou à ceux qui seroient tentés de le devenir, et non à être exercées en toute rigueur. Pour exécuter leurs odieux desseins, ils avoient sans cesse sous leur main une foule d'espions, de délateurs, de faux témoins, à l'aide desquels ils étoient maîtres de faire rendre à volonté un jugement quelconque, tant sur le *droit* que sur le *fait*, soit par les deux *jurys*, ou par les autres tribunaux.

Pour donner une idée du caractère intéressé et de l'insatiable avidité du roi, on rapporte le trait suivant. Un jour le *comte d'Oxford*, un de ceux qu'il employoit le plus volontiers, le traita magnifiquement dans son château d'*Heveningham*. Le roi, en s'en allant, voyant un grand nombre de *serviteurs externes*, ou de *cliens* revêtus de superbes livrées, et rangés dans le plus bel ordre sur son passage, appella le comte, et lui dit : Mon cousin, j'avois beaucoup entendu parler de la généreuse hospitalité que vous exerciez, et de la manière noble dont vous saviez faire les honneurs de votre château ; mais ce qu'on m'en avoit dit, est bien au-dessous de ce que je vois ; ces gentilshommes, ces pages et ces gardes, si magnifiquement vêtus, et rangés dans un si bel ordre sur mon passage, sont apparemment de votre maison, et à votre service ordinaire. « Non, sire, répondit le comte en souriant ; ma fortune ne me permettroit pas d'avoir toujours un si grand état de maison ; ce ne sont que des vassaux et des serviteurs externes, vivant à leurs propres dépens ; ils ne viennent que dans les grandes occasions, pour me faire honneur, et ils sont venus aujourd'hui en plus grand nombre qu'à l'ordinaire, parce que votre majesté a daigné honorer mon château de sa présence. » Le roi fit un mouvement de surprise, et lui répartit : « En vérité, milord, je vous sais tout le gré possible de la manière noble et splendide dont vous m'avez traité, mais je ne puis voir tranquillement violer mes loix sous mes propres yeux ; mon procureur sera obligé d'en conférer avec vous. Le comte, ajoute l'historien, ayant été obligé de composer pour ce sujet (et cette composition lui fut accordée comme une grace), n'en fut pas quitte à moins de *quinze mille marcs d'argent*, qu'on lui fit payer à titre d'amende pour cette faute (1). Il ne sera pas non plus inutile d'ajouter ici, pour montrer combien le roi avoit d'attention et de sollicitude sur ce point, que j'ai vu, il y a quelques années, un livre de comptes d'*Empson*, où l'on voyoit la signature du roi presque à chaque page,

---

(1) Il ne seroit pas impossible que le roi ayant appris que le comte étoit en contravention par rapport à la loi qui défendoit d'entretenir des *serviteurs externes* (et dont notre auteur a parlé plus haut) se fût invité lui-même à dîner chez ce seigneur, *pour payer ainsi son écot*. La loi ne devoit pas souffrir du dîner qu'il donnoit au roi ; mais ce prince ne devoit pas profiter de l'amende.

et des apostilles de la même main, sur les marges de quelques-unes. On y trouvoit entre autres cet article : *Item, reçu cinq marcs de N, pour lui faire obtenir la grace A. D; mais si cette grace est refusée, l'argent lui sera rendu, à moins qu'on ne trouve moyen de le contenter d'une autre manière.* Sur la marge de cette même page étoit cette apostille de la main du roi : *On l'a satisfait d'une autre manière.* Voilà des preuves assez sensibles de ce que j'ai avancé plus haut, et je n'ai voulu faire mention de ces bagatelles, qu'afin de faire voir que le roi n'étoit pas homme à dédaigner les plus petits profits; et que cette avidité minutieuse étoit tempérée par une sorte de justice (1). Ces petits grains d'or et d'ar-

---

(1) *Note de Hume.*) *Item reçu de N. cinq marcs pour sa grace,* lesquels, *s'ils ne suffisent pas, seront payés une seconde fois, ou la faute sera autrement PUNIE.* A côté de cette note, le roi avoit écrit, de sa propre main, *autrement punie.* Cette traduction de *Hume,* qui a cité ce pas-

gent, multipliés et accumulés avec tant de soin, contribuèrent à grossir ce trésor immense qu'il laissa en mourant.

Sur ces entrefaites, un événement qui sembloit destiné à tenir le roi en haleine, et à empêcher ce prince de s'endormir dans la sécurité dont il jouissoit à cette époque, vint lui donner de l'occupation pour quelque temps. Le comte de *Suffolk*, ayant voulu paroître avec trop d'éclat et de magnificence aux noces du prince *Arthur*, s'étoit endetté considérablement. Importuné par ses créanciers, il prit le parti de *faire encore une fois le chevalier errant*, et d'aller chercher de nouvelles aventures dans les pays étrangers. En conséquence, il quitta une seconde fois l'Angleterre, et passa en *Flandre* avec son frère. A quoi il sembloit être encouragé et comme autorisé par les murmures du peuple, dont le roi avoit

---

sage, me paroît la meilleure; mais elle n'est pas conforme au texte de l'édition latine, la seule qui soit entre mes mains.

excité le mécontentement par son administration arbitraire et son avidité. Ce seigneur, d'un caractère léger, inquiet et téméraire, se persuadoit trop aisément que ce nuage formé par l'indignation du peuple, seroit, comme tous les autres, suivi d'une tempête; et il ne laissoit pas d'avoir un parti assez nombreux dans le royaume : car ce sont ordinairement les murmures et le mécontentement du peuple qui encouragent les grands à exciter des troubles; ce qui donne des chefs à la sédition.

Mais le roi recourant à ses artifices ordinaires, choisit pour principal instrument *sir Robert Curson*, commandant du château de *Ham*, qui, étant sur le continent et éloigné de la personne du roi, devoit être moins soupçonné que tout autre d'être d'intelligence avec ce prince; il lui donna ordre de se défaire de son gouvernement, et d'aller trouver le comte, en feignant de vouloir s'attacher à son parti; ce seigneur, par ses manières insinuantes et ses offres de service, étant parvenu à surprendre la confiance du comte, reçut ses confidences et apprit ainsi quels étoient les principaux partisans et complices de ce rebelle. Il communiqua aussi-tôt ses découvertes au roi, par ses lettres ou ses agens secrets; ce qui toutefois ne lui fit pas perdre la confiance du comte. Dès que *Henri* eut reçu ces avis, il fit aussitôt arrêter *Guillaume de Courtenai, comte de Devonshire* (qui tenoit de fort près à sa personne, ayant épousé la princesse *Catherine*, fille d'*Edouard IV*, et sœur de la feue reine *Elizabeth*); *Guillaume de la Pôle*, frère du comte de *Suffolk*; *sir Jacques Tirrel*; *sir Jean Windham*, et quelques autres particuliers, mais de condition inférieure; ils furent tous emprisonnés. Il fit aussi arrêter *sir Georges Albergavenny*, et *sir Thomas Green*; cependant, n'ayant contre eux que de très légers soupçons, il leur rendit presque aussi-tôt la liberté. Mais le comte de Devonshire, qui tenoit de plus près à la maison d'*Yorck*, et qui étoit plus redouté que coupable, fut mis à la tour, où il fut détenu jusqu'à la mort du roi; ce prince ayant toujours craint que le rang élevé et l'influence de ce seigneur n'attirassent un grand nombre de personnes à son parti, et n'encourageassent les factieux à exciter des troubles. *William de la Pôle* y fut aussi détenu, mais resserré moins étroitement. Quant à *sir Jacques Tirrel* (au cri du sang innocent des princes qu'il avoit assassinés, (Edouard V, et Richard, duc d'Yorck), il fut, ainsi que *sir Jean Windham*, et quelques autres personnes de moindre distinction, traduit en jugement, condamné et exécuté; ceux d'entre eux qui étoient *chevaliers*, eurent la tête tranchée. Le roi, non content de ces découvertes, de ces emprisonnemens et de ces exécutions, voulant augmenter la confiance du comte de *Suffolk* pour *Curson* (qui, selon toute apparence, avoit encore dautres secrets à tirer de lui, et continuoit de le tromper), fit proclamer à *la croix de Saint-Paul*, dans le temps même de ces exécutions dont nous venons de parler, une *bulle du pape*, par laquelle ce pontife lançoit l'anathême et fulminoit une excommunication formelle (1) contre le *comte de Suffolk, sir Robert Curson* et tous les partisans (apparens ou réels) du comte : ruse basse et indigne de ce prince, qui sembloit ainsi se jouer du ciel même, faire un alliage profane des choses divines avec les intérêts mondains, et asservir la religion à son artificieuse politique. Quelque temps après, *Curson* ayant surpris tous les secrets du comte, et n'ayant plus rien à tirer de lui, repassa en Angleterre, où il jouit de la plus haute faveur auprès du roi, et n'en devint que plus odieux à la nation, indignée du rôle infâme que ce seigneur venoit de jouer, et dont cette faveur étoit visiblement le prix. A la nouvelle de ce

---

(1) Il paroît que ce marchand d'excommunications feignoit de prendre une *révolte* pour une *hérésie* ; mais il suffit de dire que c'étoit *Alexandre VI*, et tel le vendeur, tel l'acheteur.

retour, ou plutôt de cette désertion, le comte de *Suffolk* fut aterré, et se voyant dépourvu de toutes ressources (attendu que le temps même, et des échecs multipliés, avoient dégoûté pour toujours la duchesse *Marguerite* de toute entreprise de cette nature), se mit à faire quelques voyages tant en *France* qu'en *Allemagne* : puis, après avoir fait encore quelques petites tentatives qui ne furent pas plus heureuses, et *où il jeta, pour ainsi dire, son dernier feu,* perdant tout-à-fait courage, il se retira de nouveau en *Flandre,* où il se mit sous la protection de *l'archiduc Philippe,* qui, par la mort de la reine *Isabelle,* venoit d'hériter de la couronne de *Castille,* en vertu des droits de la princesse *Jeanne,* son épouse.

Dans cette même année, qui étoit la dix-neuvième du règne de *Henri VII,* ce prince convoqua le parlement; et il ne put douter de son pouvoir absolu, lorsqu'il vit la chambre basse élire pour son orateur *Dudley,* ce ministre concussionnaire et si odieux à toute la nation. Durant cette session, on passa très peu de bills mémorables relativement à l'administration de l'intérieur : mais ceux qui y furent passés, retracèrent plus que jamais la prudence consommée et la profonde politique de ce prince.

Un de ces bills révoquoit toute espèce de gratification, de remise (1) ou de graces accordées par le roi, à ceux qui, étant appellés légalement au service de ce prince contre les rebelles ou les en-

---

(1) La signification la plus ordinaire du mot *dimissio* est *congé*, du moins dans les écrits de *Jules-César* et de *Tacite*; cependant j'ai cru devoir le traduire par le mot de *remise* (d'impôt, de taxe, de subside), sens que notre auteur y attache quelquefois. Autrement il y auroit une contradiction dans cette phrase; car le droit de rassembler les milices nationales, et les troupes composées des vassaux des barons, a toujours fait partie de la *prérogative royale*, ainsi que celui de dispenser du service militaire : prérogative qui avoit beaucoup plus d'étendue sous les règnes de *Henri VII*, de *Henri VIII*, de *Marie* et d'*Elizabeth*, qu'elle n'en a eu depuis; au lieu que les loix *fiscales* ont

nemis du dehors, se seroient dispensés de marcher, ou auroient quitté l'armée sans un congé du roi. On fit toutefois une exception en faveur de certaines classes de gens de robe. Ce bill contenoit une clause portant que tous ceux qui marcheroient au service militaire du prince, jouiroient de la paie depuis le premier jour de leur départ jusqu'à celui de leur retour dans leurs maisons. On voit assez, par le grand nombre de loix semblables établies sous le règne de

---

toujours été l'objet direct et *immédiat* de la convocation du parlement. Mais peut-être l'auteur a-t-il voulu dire que *Henri VII,* pour être assuré d'avoir des armées complètes, et se délivrer des importunités de ceux qui lui demandoient alors des congés, ou dispenses de service, se laissa et même se fit ôter, par un acte du parlement, cette partie de sa prérogative, sans se dessaisir du pouvoir de rassembler les milices nationales ou féodales : conjecture d'autant mieux fondée, que la noblesse angloise, sans désobéir formellement au roi, ne se portoit qu'avec tiédeur à son service, et qu'il étoit généralement détesté du peuple même.

Henri, que son plan fixe étoit de donner plus de vigueur à ses ordonnances militaires, en les appuyant sur des bills du parlement (1).

On défendit, par un autre bill, l'importation de certaines manufactures de soie pure, ou mêlée avec du fil de quelque autre espèce; mais cette prohibition n'avoit point pour objets les étoffes proprement dites et de soie pure; les Anglois n'ayant pas encore appris à fabriquer celles de cette dernière espèce. Elle ne concernoit que certains ornemens de soie torse ou tissue, tels que *rubans, passemens, galons, aiguillettes, réseaux, ceintures;* toutes choses que les

---

(1) Cette méthode étoit excellente sous des princes aussi fermes que *Henri VII* et *Henri VIII*; mais, sous des princes foibles, elle avoit l'inconvénient d'accoutumer la nation à croire que le roi n'avoit pas droit d'exercer cette partie de sa prérogative, sans un bill du parlement. Sous le règne de Charles I, le long parlement la lui disputa, et osa même l'exercer contre lui : usurpation qui fut cause de la perte de ce prince.

Anglois savoient déja fabriquer. Ce bill avoit pour base une des règles les plus sûres de *l'économie politique;* savoir que, *dans tout état, on doit défendre l'importation des marchandises tirées de l'étranger, et fabriquées avec des matières qui se trouvent en assez grande quantité dans le pays;* l'effet d'une telle prohibition étant ou d'en bannir tout-à-fait ces superfluités, ou d'exciter les sujets à établir eux-mêmes dans le pays, des manufactures pour fabriquer ces objets de luxe.

Un autre bill révoquoit les *chartes royales* ou patentes relatives aux prisons particulières, et cet office fut annexé à celui d'*alderman* ; les privilèges personnels ne causant pas moins d'interruption dans le cours de la justice, que ceux qui sont attachés à certains lieux.

On passa un autre bill tendant à restreindre *les loix municipales* qui donnoient fréquemment atteinte à la prérogative royale et à la liberté des sujets;

ces municipalités et ces corporations n'étant le plus souvent que des *fraternités d'ambition et de cupidité*. En conséquence, il fut statué que ces loix particulières demeureroient sans exécution, à moins qu'elles n'eussent été revues et approuvées par le chancelier, le grand trésorier et deux ou trois des principaux justiciers, ou enfin par les juges *ambulans* ou *visiteurs*, et dans les lieux mêmes où se trouveroient ces municipalités et autres corporations.

On passa aussi un bill, dont le but étoit d'attirer à l'hôtel des monnoies du roi tout l'argent du royaume, et portant défense de recevoir en paiement toutes pièces *écornées*, *rognées*, *usées*, sans faire grace d'un seul grain, et sans égard à ce qu'on appelle ordinairement le *remède*, à l'exception toutefois de celles qui ne seroient pas trop au-dessous du poids légal; exception qui étoit visiblement illusoire, à cause de l'incertitude qu'on laissoit sur ce point, en ne déterminant pas, avec assez de précision, la quantité de ce déchet (1). Quoi qu'il en soit, en conséquence de ce bill, tout l'argent monnoyé du royaume devoit passer à la monnoie du roi, pour y être fabriqué de nouveau; fabrique dont le roi devoit tirer un assez gros profit.

On passa ensuite un bill, d'un style très prolixe, contre les mendians, les vagabonds et gens sans aveu. Il est deux observations à faire sur ce bill; l'une, que le parlement n'ordonna, qu'avec une extrême répugnance, l'incarcération des

---

(1) Si l'exception étoit illusoire, la loi ou règle impérative l'étoit donc aussi; car la règle et l'exception prises ensemble comprennent tout le genre auquel elles doivent être appliquées; la règle, lorsqu'elle est bonne, s'appliquant à la pluralité des espèces de ce genre, et l'exception, à tout le reste. Ainsi, chacune de ces deux choses ne pouvant s'étendre qu'aux dépens de l'autre, l'étendue de chacune dépend nécessairement de celle de l'autre. Il ne pouvoit donc y avoir d'incertitude sur l'étendue de l'exception, sans qu'il y en eût aussi sur celle de la règle impérative, ou de la loi dont parle ici Bacon.

gens de cette espèce, soit parce qu'il prévoyoit que les prisons en seroient bientôt remplies, ce qui seroit une nouvelle charge pour le peuple, soit parce qu'une telle rigueur étoit sans exemple (1). L'autre, que, dans tous les bills que *Henri* fit passer à ce sujet (car celui de la dix-neuvième année du règne de ce prince, et dont nous parlons ici, ne fut pas le seul en ce genre), il réunit toujours ce-

---

(1) Une loi qui ordonneroit l'incarcération de *tous les fainéans pauvres*, ne seroit juste que dans un pays où l'on emprisonneroit aussi *tous les riches fainéans*, et où la *récompense* du *travail* seroit *proportionnée* à son *utilité* et à sa *quantité*; car on n'a droit de *punir l'oisiveté* qu'après avoir *assuré* au *travail* le *prix* qui lui est *dû*; et ce qu'on doit *punir* alors, ce n'est ni la *pauvreté*, ni l'*opulence unie* à la *fainéantise*, mais cette seule *fainéantise*, dorée ou non. Or, il n'est aucun pays où l'*opulence* ne soit le *partage* d'un *petit nombre de fainéans*, et où la *pauvreté* ne soit le *lot d'une multitude immense d'hommes laborieux*. Il n'est donc aucun pays où la *loi* dont parle *Bacon*, soit *juste*. Cependant, cette loi, quoique *injuste*, est souvent *nécessaire*; car *l'homme qui mendie*, est

lui qui décernoit des peines contre les gens sans aveu, et celui qui défendoit les jeux de hazard, nommément ceux de *dés* et de *cartes*, aux domestiques et aux hommes des classes inférieures, ainsi que les cabarets à bierre; ce prince posant pour principe, que ces trois choses ne sont que différentes branches naissant d'un même tronc (1), et que, pour en ôter une, il faut ôter aussi les deux autres.

---

bien près de voler; et une continuelle expérience prouve que, *lorsqu'il y a beaucoup de mendians, il y a aussi beaucoup de voleurs :* le vrai milieu en pareil cas, entre la justice excessive et l'extrême injustice, est d'engager ces fainéans à travailler, en leur offrant l'occasion de gagner leur subsistance par le travail, et de les y contraindre, s'ils s'y refusent.

(1) C'est parce que les hommes qui n'ont pas assez de fortune pour pouvoir subsister sans travailler, vont fréquemment boire et jouer dans les cabarets, qu'il y a tant de mendians, de vagabonds, de gens sans aveu, d'escrocs, de voleurs et d'autres criminels. *Si l'oisiveté enfante le vice,* comme le dit un proverbe que nous rappellons souvent, *le plus sûr moyen pour empêcher les enfans de naî-*

Quant aux attroupemens tumultueux et à cette multitude de *serviteurs externes* ou de *cliens* que les barons entretenoient, il n'y eut point, sous ce règne, de session parlementaire où le roi n'eût fait passer quelque bill relativement à ce double objet ; la vigilance de ce prince étant continuellement occupée à empêcher l'accroissement excessif de la puissance des grands, et à prévenir les rassemblemens

---

tre, c'est de *tuer la mère*; et le plus sûr moyen pour tuer l'oisiveté, c'est d'ôter au peuple tous les amusemens qui le détournent du travail : sans doute : mais il ne faut pas lui ôter les amusemens, qui sont le prix de ce travail même, et qui, à ce titre, le lui font aimer. L'expérience prouve que les mœurs sont très corrompues dans tous les pays, dans toutes les classes, et dans tous les temps, où les hommes ne vont pas au cabaret boire, jouer et juger à tort et à travers ceux qui les gouvernent. C'est une vérité qui n'a point échappé à J. J. et encore moins aux anciens Romains. Les chefs de cette grande république laissèrent toute liberté au peuple à cet égard ; au lieu que les empereurs, après avoir ôté au peuple romain sa liberté, publièrent un grand nombre d'édits, pour l'empê-

dangereux. Le parlement, durant cette même session, accorda aussi au roi un subside pécuniaire qui devoit être levé sur le clergé, ainsi que sur les laïcs; ce qui n'empêcha pas qu'à la fin de cette année on ne vît créer une commission pour lever une *bénévolence générale*, quoiqu'il n'y eût alors ni guerres, ni craintes à ce sujet. La ville de *Londres* donna au roi cinq mille marcs d'argent, pour la

---

cher de s'amuser et de boire l'oubli de sa servitude. Si on empêche un homme du peuple d'aller se divertir au cabaret, il ira dans un autre lieu que je ne dois pas nommer, ou, au défaut d'un tel lieu, chez ses voisines; et *s'il ne peut jouer avec la dame de pique, il voudra jouer avec la dame de cœur*. Lorsqu'il plaît à un grand peuple de choisir un certain genre d'amusement, les oisifs qui pompent sa substance, n'ont pas droit de le lui interdire, puisque *la volonté de la pluralité laborieuse d'une nation est la véritable loi*. Mais *Henri VII*, qui étoit lui-même un usurpateur, ne vouloit que *multiplier les délits* par ses prohibitions, afin de *multiplier les amendes* et de *remplir ses coffres*.

confirmation de ses franchises et immunités; genre de concession qui auroit été beaucoup plus convenable au commencement d'un règne, qu'à la fin. De plus, le roi avoit gagné de très grosses sommes à la faveur du dernier bill qui ordonnoit la refonte des monnoies d'argent, et en faisant fabriquer des *shellings, demi-shellings, quarts de shellings,* etc. sans compter le produit des vexations d'*Empson* et de *Dudley,* qui alors versoient, par ce moyen, des sommes immenses dans le trésor royal. C'étoit comme une pluie d'or qui tomboit dans les coffres du roi. Car, en premier lieu, ce même temps étoit aussi à peu près celui de l'échéance du dernier terme du paiement de la dot de l'*infante Catherine;* à quoi il faut ajouter le *subside parlementaire,* la *bénévolence,* le produit de la refonte des monnoies, les cinq mille marcs donnés par la ville de *Londres* pour ses immunités, et une infinité d'autres *parties casuelles.* Mais pourquoi ce prince entassoit-il ainsi l'or et l'argent? c'est ce qu'il n'est pas facile de deviner (1); car il n'avoit alors ni guerre, ni révolte à craindre, comme je viens de le dire : il n'avoit plus qu'un seul fils, et une de ses filles étoit déja mariée. Il s'étoit signalé par sa prudence et ses talens politiques, qui avoient fait rechercher son alliance par tant de princes ! Ses grandes qualités et son imposante situation ne suffisoient-elles pas pour assurer sa gloire, et avoit-il besoin de l'éclat des richesses pour briller dans la chrétienté? Pour *briller*, dis-je, car l'*avarice n'est au fond qu'une certaine espèce d'ambition* (2). En sorte

---

(1) Il a déja dit une vingtaine de fois que ce prince étoit naturellement *cupide*; et cette question qu'il se fait ici, est fort inutile.

(2) Il y a au moins trois principales espèces d'avarice; car on peut distinguer l'avare qui entasse l'or, pour augmenter sa considération; celui qui pompe l'or, pour le répandre et jouir des effets de sa libéralité; et celui qui augmente continuellement ses provisions, comme le Hollandois et la *fourmi*, qui accumule le superflu, pour s'assurer le nécessaire, et qui jeûne actuellement, de peur

qu'il n'est pas facile de deviner le vrai pourquoi *Henri* accumuloit ainsi. Peut-être étoit-ce tendresse pour le prince son fils, et vouloit-il lui laisser, avec un royaume puissant, ces immenses trésors, afin qu'il fût toujours l'arbitre de sa propre fortune, et moins dépendant (1).

---

d'avoir faim dans la suite ; à peu près comme tel poltron se tue, ou se fait tuer, de peur de mourir. Ces trois espèces d'avarice peuvent être réduites à deux genres ; savoir, l'avare qui veut augmenter continuellement sa puissance, pour en jouir réellement en proportion qu'elle croît ; et celui qui, en augmentant sa puissance, ne jouit que du sentiment de cette augmentation, et qui, à force de se contenter de la possibilité de jouir, ne jouit plus que de cette possibilité. Car, et celui qui, après avoir montré son or, le donne ; et celui qui le montre seulement pour faire espérer qu'il le donnera ; et celui qui le cache, n'ont qu'un seul et même but, auquel ils tendent par trois moyens différens ; ce but commun est d'augmenter leur puissance.

(1) Du parlement, sur-tout de la *chambre basse*; car voici la substance et le résumé de tous les discours du roi d'Angleterre à son parlement, et des réponses de celui-ci : *Donnez-moi beaucoup*

Vers ce même temps, on apprit en Angleterre la mort d'Isabelle, reine de *Castille*, femme d'un caractère héroïque, la gloire de son sexe et de son siècle, et qui fut une des principales causes des éclatantes prospérités du royaume d'*Espagne*, et de l'immense accroisse-

---

d'argent, et je vous laisserai vos privilèges, ou même je les augmenterai; la chambre des communes répond : *Commencez par nous laisser nos privilèges, ou par les augmenter, et nous vous donnerons de l'argent.* Il n'est pas étonnant qu'une nation qui marchande ainsi continuellement sa liberté avec son souverain, soit si souvent la dupe de ces grands personnages qui, après avoir acheté chèrement les voix du peuple, vont ensuite se vendre à la cour, pour ravoir leur argent, avec un profit honnête. Lorsqu'un peuple vend lui-même ses suffrages pour un pot de bière, à ceux qu'il charge de le représenter; si ensuite ces représentans vont se vendre eux-mêmes à la cour, de quoi peut-il se plaindre? et n'est-il pas alors parfaitement représenté? Car *ce sont des marchands qui en représentent d'autres; et ce peuple jouit ainsi de toute la liberté qu'il a méritée :* au lieu qu'un peuple désintéressé choisissant naturellement pour

ment qu'il prit dans la suite. Le roi, en apprenant cette mort, ne la regarda point du tout comme une nouvelle indifférente qui lui venoit du dehors, mais comme un événement qui, pouvant influer beaucoup sur sa propre situation, l'intéressoit personnellement et sous un double rapport; savoir, parce que la conduite que *Ferdinand* tiendroit en cette occasion, devoit lui servir d'exemple, soit par les conséquences que cette mort pouvoit avoir. En premier lieu, en méditant profondément sur ce sujet, il

---

le représenter, des hommes qui lui ressemblent, achète la vraie liberté, en ne se vendant pas lui-même. Néanmoins cette balance de la constitution angloise ne laisse pas d'être utile, et quoiqu'elle trébuche presque toujours du côté du roi, l'opposition la fait trébucher plus lentement; le prince est toujours un peu dépendant, même en employant, contre le peuple, l'argent que le peuple lui donne; et c'étoit cette dépendance que *Henri VII* vouloit épargner à son fils, en lui laissant des coffres pleins. Au reste, voici le mot de cette énigme que se propose ici notre auteur. *Henri VII* consideroit que *Ferdinand* se trouvoit, après la mort d'*Isabelle*, précisément dans la même situation où il étoit lui-même depuis celle de la reine *Elizabeth*, son épouse ; et que *Jeanne*, héritière de Castille, se trouvoit aussi dans une position fort analogue à celle du prince *Henri* (d'Angleterre). En effet, supposoit-on que l'un ou l'autre de ces deux princes tînt sa couronne du chef de son épouse, il étoit clair qu'après la mort de cette princesse, elle étoit dévolue à son héritier présomptif, et que son

---

ayant été pauvre durant sa jeunesse, avoit alors si vivement senti le prix de l'argent, qu'il l'estimoit trop dans un âge plus avancé : observation qui s'applique également à *Charles V* et à *Henri IV*, rois de France : tout individu, roi ou sujet, qui a éprouvé, dans ses premières années, une grande disette d'argent, le pompe ensuite avec force, comme la pierre calcinée pompe l'eau dont elle a été dépouillée par la calcination ; et il tend à l'or dont il a été privé, comme la pierre tend vers le centre, ou plutôt vers la masse du globe terrestre dont on l'a détachée.

époux ne devoit plus y prétendre ; et, quoique *Henri* eût à cet égard quelque avantage sur *Ferdinand*, par la victoire qu'il avoit remportée sur *Richard III*, et par l'acte du parlement qui avoit confirmé le titre du vainqueur, cependant le droit du sang qui est, en quelque manière, celui de la nature, est tellement prépondérant, même aux yeux des plus sages, que *Henri* n'étoit rien moins qu'assuré de pouvoir se reposer sans crainte sur ses deux autres titres, de tels fondemens n'étant rien moins que solides. En conséquence, le roi, dès ce moment, eut les yeux sans cesse ouverts sur l'Espagne, afin de voir ce qui arriveroit au roi d'*Arragon*, s'il prenoit le parti de ne point se dessaisir du royaume *de Castille*; et au cas qu'il le retînt, s'il prétendroit le faire en vertu de ses droits personnels, ou en qualité de régent et d'administrateur, ou de curateur des possessions de la princesse *Jeanne*, sa fille. En second lieu, le roi sentoit assez que cette mort pouvoit occasionner quelque grand changement dans le systême politique de l'Europe. En effet, comme, depuis quelques années, son alliance avec la *Castille* et l'*Arragon*, qui étoient alors réunis, ainsi que celles qu'il avoit contractées avec *Maximilien* et l'*archiduc*, fils de ce prince, lui avoient donné une grande supériorité à l'égard du roi de France, supériorité à laquelle il s'étoit accoutumé, il commençoit à craindre que ce prince ne reprît le dessus; car il pouvoit arriver que *Louis XII*, pour qui l'*archiduc* avoit une affection et une confiance qu'il témoignoit en toute occasion, formât une ligue avec ce jeune prince, qui étoit déja de droit roi de Castille, et qui, selon toute apparence, seroit bientôt obligé de disputer à *Ferdinand*, son beau-père, le gouvernement de ce royaume; enfin, avec *Maximilien* lui-même, père de *Philippe*, et prince d'un caractère si inconstant, que tout ce qu'on pouvoit prévoir avec quelque certitude à son sujet, c'étoit qu'il ne seroit pas long-temps dans les dispositions où il étoit alors : il prévoyoit, dis-je, que, si ces trois puissans monarques venoient à s'unir par une étroite alliance, ils formeroient une ligue formidable ; et qu'alors, quoiqu'à proprement parler, il n'eût aucune attaque directe à craindre de leur part, il ne laisseroit pas d'être réduit à sa seule alliance avec l'*Arragon* pour tout appui (1) : d'où il arriveroit que lui qui, dans ces derniers temps, avoit été comme l'arbitre de l'Europe (2), verroit alors son influence considérablement diminuée, qu'il seroit même quelquefois forcé d'accéder à tout ce qui plairoit à cette ligue, pour

(1) De plus, il auroit été facile de faire entrer dans cette ligue le roi d'*Ecosse*, qui, bien que gendre de *Henri VII*, étoit son ennemi *personnel*, et de plus son ennemi *naturel*, en qualité de *voisin*; enfin, la ligue auroit pu soutenir les partisans de la maison d'*Yorck* et tous les autres mécontens, c'est-à-dire, presque toute la nation angloise; et alors ce grand politique auroit été fort embarrassé.

(2) Toute puissance, telle que la *France*, l'*Angleterre*, ou l'*Espagne*, deviendra *l'arbitre de*

peu qu'il voulût prendre part aux affaires du continent, et qu'elle le tiendroit perpétuellement en échec. De plus, il paroît, autant que nous pouvons le conjecturer, que *Henri* commençoit alors à penser à de secondes noces, et à chercher dans l'Europe quelque mariage avantageux. Il avoit, entre autres, beaucoup entendu parler de la beauté et du caractère aimable de la jeune reine de *Naples*, veuve de *Ferdinand le jeune*, et qui étoit d'un âge convenable au sien, cette princesse ayant alors environ vingt-sept ans; il espéroit que, par ce mariage, le royau-

---

l'Europe, quand, renonçant à tout *accroissement* de son *territoire,* même par voie de *succession,* elle persistera dans la résolution de ne prendre *part directement* à aucune guerre survenue entre les autres puissances, et de *s'interposer* dans toutes, soit comme *médiatrice,* ou comme *alliée de la plus foible.* De plus, n'ayant jamais la guerre dans son propre pays, et y nourrissant une jeunesse guerrière, dont les différentes portions iroient successivement s'exercer au dehors, elle parviendroit en peu d'années au plus haut point de prospérité.

me de *Naples* (que le roi de *France* et celui d'*Arragon* s'étoient si long-temps disputé, mais qui enfin jouissoit depuis quelque temps d'une paix profonde) pourroit un jour, du moins en partie, lui revenir, et être mis sous sa régence et tutele, avec d'autant plus de confiance qu'on n'ignoroit pas qu'il étoit, plus que tout autre prince, en état de le défendre. En conséquence, il y envoya, à titre d'ambassadeurs ou de députés, trois personnages auxquels il se fioit beaucoup, et dont il connoissoit la dextérité, savoir, *François Martin*, *Jacques Braybroke* et *Jean Stil*; députation dont le but n'étoit rien moins que d'entamer quelque négociation importante, mais seulement de prendre des informations, et principalement sur deux objets: 1°. sur le personnel et la situation de *Jeanne*, reine de *Naples*; 2°. sur tout ce qui pouvoit avoir quelque rapport avec la situation et les desseins de *Ferdinand*. Or, les personnes les moins observées étant ordinairement celles qui sont le plus à portée de bien observer les autres, il les députa sous des prétextes assez spécieux, les ayant chargés de lettres de la princesse *Catherine* (1), adressées à sa tante et à sa nièce; l'une, reine douairière de *Naples*, et l'autre actuellement sur le trône. Il leur remit aussi un mémoire où étoient articulées la proposition et les conditions d'un nouveau traité de paix et d'alliance (avec *Ferdinand*). Car, quoique ce mémoire eût déja été remis, quelque temps auparavant, au docteur de *Puebla, résident d'Espagne en Angleterre,* cependant comme, depuis assez long-temps, le roi n'avoit rien reçu de ce royaume, il crut devoir enjoindre à ses envoyés de ne pas oublier, après avoir visité les deux reines, d'aller droit à la cour de *Ferdinand*, emportant avec eux une copie de ce mémoire. Leurs instructions, relativement à la reine de *Naples*,

---

(1) Infante d'Espagne, veuve du prince *Arthur*, et mariée en secondes noces au prince *Henri*, fils de *Henri VII*.

étoient extrêmement détaillées, et auroient pu même, à la première vue, passer pour minutieuses; il vouloit que ces envoyés, à leur retour, lui fissent, pour ainsi dire, *le portrait* de cette princesse avec la plus grande exactitude, et qu'ils fussent en état de lui donner les renseignemens les plus précis sur la complexion de cette princesse, les traits de son visage, son air, sa taille, son maintien, son port, sa démarche, ses gestes, ses manières, ses goûts, son âge, sa fortune, sa situation, etc. (1); en sorte que, si le roi eût été plus jeune, on auroit été tenté de croire qu'il en étoit amoureux; mais, comme *Henri* étoit déja dans un âge as-

---

(1) Je ne puis m'empêcher de sourire en traduisant ce passage, n'ignorant pas que ces avares qui font tant de recherches et de questions sur la mortelle si long-temps *lorgnée*, qu'ils sont tentés d'honorer de leur couche, finissent presque toujours par épouser une personne aussi chaste et aussi économe que la trop fameuse *Jeanne*, reine de *Naples*, de *lubrique* mémoire. Jamais femme honnête et prudente n'épousa un avare, attendu que toute

sez avancé, on devoit plutôt regarder toutes ces questions qu'il faisoit, et tous ces renseignemens qu'il demandoit, comme autant de précautions qu'un prince, distingué par la pureté de ses mœurs, et déterminé à donner toute son affection à l'épouse qu'il auroit choisie, prenoit pour se bien assortir. Mais le roi, après avoir marqué quelque empressement pour ce mariage, ne tarda pas à se refroidir sur ce projet, lorsque ses envoyés lui apprirent, à leur retour, qu'à la vérité on avoit d'abord assigné à cette jeune reine, dans le royaume de *Naples*, de très gros revenus, dont elle avoit eu l'entière jouissance tant que *Ferdinand*, son oncle, avoit vécu, même lorsque

---

femme prudente n'épouse qu'un homme qu'elle connoît, et que les femmes pardonnent encore moins *l'avarice* à un homme, sur-tout à un époux, que la *poltronnerie*, le premier de ces deux vices se faisant sentir beaucoup plus souvent que l'autre; au lieu qu'une coquette prodigue l'épousera, afin d'approcher du coffre-fort, et dans l'espérance d'en trouver la clef.

les terres, d'où elle tiroit ces revenus, étoient sous la domination de *Louis XII*, roi de France; mais que, depuis l'avénement du jeune *Ferdinand* au trône, tous les revenus de ce royaume ayant été appliqués à l'entretien des armées et des garnisons, elle étoit réduite à une simple pension sur le trésor royal.

Quant au second objet sur lequel *Henri* avoit demandé des informations, ces trois envoyés s'acquittèrent de leur commission avec tant de zèle et de dextérité, qu'à leur retour il fut très exactement informé de la situation présente et des desseins de *Ferdinand*; il résultoit de leur relation, que ce prince étoit bien déterminé à retenir le gouvernement de *la Castille*, à titre d'administrateur des biens de *Jeanne*, sa fille, se fondant aussi, en partie, sur le testament de la feue reine *Isabelle*, en partie sur les coutumes de ce royaume; que du moins tels étoient les prétextes dont il coloroit ses prétentions et sa conduite; que tous les ordres et toutes les chartes ou patentes royales étoient expédiées, tant au nom de *Jeanne* sa fille, qu'à celui de ce prince, toujours envisagé comme simple administrateur, et sans faire aucune mention de *Philippe*, époux de cette princesse; que *Ferdinand*, tout en s'abstenant de prendre le titre de roi, ne laissoit pas de vouloir rester en possession du royaume et y exercer la souveraine autorité, et sans s'astreindre à rendre compte à qui que ce fût.

Ils rapportèrent aussi que *Ferdinand* ne désespéroit pas de conserver le gouvernement de la Castille avec le consentement de *Philippe* même, ayant déja fait tous ses efforts pour l'y déterminer, soit par le moyen des conseillers de ce jeune prince, qu'il avoit su gagner; soit en protestant hautement que, s'il éprouvoit à ce sujet quelque opposition de la part de *Philippe*, il se détermineroit à prendre une épouse encore jeune, dont il auroit peut-être un fils qui priveroit ce prince de la succession aux royaumes d'*Arragon* et de *Grenade*; enfin, en lui déclarant que les *Espagnols* n'étoient point du tout disposés à subir le joug des *Bourguignons*, et que ce jeune prince auroit besoin d'un long séjour *en Espagne* pour s'y naturaliser. Cependant, en dépit de tous ces artifices et de la dextérité avec laquelle Ferdinand conduisoit toute cette affaire, il ne laissa pas d'échouer et d'être frustré de ses espérances par rapport à ce royaume ; néanmoins *Pluton* lui fut dans la suite un peu plus favorable que *Pallas* (1). Dans ce même rapport, les trois envoyés, qui étoient des hommes d'une extraction assez obscure, et qui, par cette raison même, pouvoient

---

(1) Peu de temps après, *l'archiduc Philippe* alla en personne prendre possession du royaume de *Castille*, où il fit essuyer à *Ferdinand*, son beau-père, quelques mortifications qui le déterminèrent à se retirer dans l'*Arragon*. Ce prince étoit d'un extérieur très avantageux et d'un caractère dont l'amabilité répondoit à ces dehors. Il fut chéri des *Castillans* et adoré de son épouse, dont la tendresse dégénéra en jalousie qui tenoit même de la folie. *Philippe* supporta les inégalités et les

parler au roi avec plus de liberté, s'expliquèrent assez hardiment sur un point que des hommes d'une naissance plus illustre n'auroient pas même effleuré impunément; ils ne craignirent pas de déclarer au roi ouvertement qu'en *Espagne*, la noblesse et le peuple étoient plus dévoués aux intérêts de *Philippe* qu'à ceux de *Ferdinand*, et qu'ils préféreroient hautement le premier, pour peu qu'en passant de *Flandre en Espagne*, il amenât avec lui son épouse ; que le motif de leur préférence pour *Philippe* n'étoit autre que la cupidité de *Ferdinand* qui les accabloit d'impôts ; expli-

---

emportemens de cette princesse avec beaucoup de douceur et de patience. Ce prince mourut dans la fleur de l'âge, universellement regretté, sur-tout de son épouse, que la douleur fit tomber dans un état de démence fort semblable à celui *de la Clémentine* de *Richardson*, et qui paroît même en avoir été le modèle. Elle survécut peu à *Philippe*. Après leur mort, la Castille revint naturellement à *Ferdinand* : et ce fut ainsi que *Pluton* lui fut plus favorable que *Pallas*.

cation d'autant plus hardie, que la situation respective de ces deux princes étoit toute semblable à celle du roi et du prince de *Galles* son fils.

Le rapport de ces envoyés comprenoit aussi un projet sur lequel *Amason*, secrétaire de *Ferdinand*, ne s'étoit ouvert à eux que sous condition du plus profond secret; il s'agissoit d'un mariage à proposer entre *Charles*, prince de *Castille*, et fils de l'*archiduc Philippe* (prince qui fut depuis l'empereur *Charles V*), et la princesse *Marie*, seconde fille du roi; ils ajoutèrent qu'ils ne doutoient nullement que la négociation entamée peu auparavant, pour le mariage de ce même prince avec la fille du roi de France, ne fût bientôt rompue, et que cette princesse n'épousât *le comte d'Angoulême*, qui étoit alors l'héritier présomptif de la couronne de France. Il couroit aussi quelque bruit d'un mariage entre *Ferdinand* et la *comtesse de Foix*, princesse illustre et du sang royal de France; mariage qui fut en effet conclu quelque temps après; ce que les envoyés néanmoins ne rapportoient alors que comme une simple nouvelle qu'ils avoient apprise en *France*, l'Espagne ayant gardé avec eux un silence absolu sur cette affaire.

Cette relation éclaira *Henri* sur ses vrais intérêts, en lui apprenant tout ce qu'il avoit besoin de savoir; il sut désormais comment il devoit se conduire avec les deux princes qu'il avoit à ménager; il comprit d'abord (plan auquel il s'attacha constamment) qu'il devoit employer toute son adresse pour ménager une réconciliation entre ces deux princes; mais que, pour parvenir plus sûrement à ce but, il devoit affecter avec eux la plus grande impartialité, et se porter simplement dans cette affaire comme leur ami commun; de manière cependant à favoriser secrètement *Ferdinand*, pour qui étoit sa plus forte inclination, en réservant pour l'archiduc les démonstrations les plus marquées de l'amitié et les services les plus apparens.

Mais ce qui lui donnoit le plus de satisfaction dans tout ce que ses envoyés venoient de lui apprendre, c'étoit le projet du mariage de la princesse *Marie*, sa fille, avec le prince *Charles* (1); car c'étoit la plus haute alliance qu'il pût contracter dans toute la chrétienté, sans compter que, par ce moyen, il s'allioit en même temps aux deux princes qu'il vouloit réconcilier.

Mais, quelque temps après, les vents mêmes qui sembloient favoriser les desseins de *Henri*, lui offrirent l'occasion de confirmer son alliance avec *Philippe*; ce jeune prince, qui vouloit surprendre le roi d'*Arragon*, ayant, dans cette vue, préféré l'hiver à toute autre saison, pour son passage en *Espagne*, partit de *Flandre*, et se mit en mer avec

---

(1) Ce mariage n'eut pas lieu : *Marie*, sous le règne de *Henri VIII*, successeur de *Henri VII*, épousa d'abord *Louis XII*, roi de France, déjà un peu avancé en âge; et comme cette princesse étoit fort aimable, ce prince mourut quelques mois après.

une puissante flotte, au mois de *janvier*, dans la vingt-unième année du règne de *Henri*. Mais, lorsqu'il fut dans la *Manche*, une affreuse tempête dispersa ses vaisseaux et les jeta sur les côtes d'*Angleterre*. Celui qui portoit le roi et la reine, étant tout désemparé, et n'ayant pu qu'avec peine échapper à la tempête, fut contraint de relâcher dans le hâvre de *Waymouth*. *Philippe*, qui n'étoit pas accoutumé à la mer, se trouvant très foible et même un peu malade, voulut absolument descendre à terre, contre l'avis de tout son conseil, qui jugeoit que tout délai seroit nuisible à ses intérêts, le succès de son entreprise dépendant principalement de sa diligence (1).

―――――

(1) *Le mal de mer* est ordinairement peu dangereux : ceux qui en sont attaqués s'imaginent qu'ils vont mourir; cependant il n'en résulte ordinairement qu'une sorte de purgation très salutaire. Mais je dois profiter de l'occasion pour engager cette jeunesse à laquelle ma traduction est destinée, à considérer ici les inconvéniens de l'impatience et de la mollesse. *Philippe*, pour n'avoir

Aussi-tôt le bruit s'étant répandu dans ces provinces maritimes, qu'une puissante armée de mer venoit de débarquer sur les côtes voisines, les habitans de ce canton coururent aux armes. *Sir Thomas Trinchard*, entre autres, ayant aussi pris l'alarme, accourut à *Waymouth* avec quelques troupes levées à la hâte; puis, ayant appris que *Philippe* n'étoit descendu à terre que pour prendre un peu de repos et de rafraîchissemens, il lui offrit sa maison avec beaucoup de respect, et dépêcha aussi-tôt des couriers au roi, pour lui apprendre cette importante nouvelle. On vit, peu de temps après, arriver aussi à *Waymouth*, avec un corps plus nombreux, *sir Robert*

---

pu se résoudre à souffrir un peu et à patienter, va courir le risque de perdre la couronne de Castille et peut-être sa liberté. Il va se trouver entre les mains de son ennemi secret, qui est un profond scélérat; être obligé de livrer un seigneur illustre, réfugié sous son pavillon, et de conclure un traité fort désavantageux pour ses sujets de *Flandre*.

Carew, qui eut les mêmes égards pour le roi. Alors *Philippe*, présumant avec raison que ces deux seigneurs, en qualité de sujets du roi d'*Angleterre*, n'oseroient le laisser partir à l'insu et sans la permission de leur maître, prit le parti de se rendre à leur invitation, et de demeurer sur cette côte jusqu'à ce qu'ils eussent reçu des ordres de la cour. Dès que le roi eut appris cette nouvelle, il donna ordre au comte d'*Arondel* d'aller saluer de sa part le roi de Castille, et de lui faire entendre que si, d'un côté, il étoit affligé du malheur qui étoit arrivé à ce prince; de l'autre, il apprenoit avec joie qu'il avoit échappé à un si grand danger, et étoit charmé d'avoir l'occasion de lui faire rendre les honneurs qui lui étoient dus, en ajoutant que ce prince devoit se regarder comme étant dans ses propres états; qu'au reste, il iroit bientôt le saluer en personne, et lui témoigner son affection. Conformément à ces ordres, le comte partit en diligence pour *Waymouth*, avec un cortège magnifique et trois cents chevaux superbement équipés ; il affecta même d'arriver de nuit à la clarté des flambeaux, afin de donner plus d'éclat à son entrée dans *Waymouth*. Lorsqu'il eut fait connoître à *Philippe* les intentions du roi, ce prince, devinant aisément le dessein de *Henri*, prit le parti de le prévenir, pour abréger tous les délais, et partit en poste pour l'aller trouver à *Windsor*, lieu de sa résidence ; la reine (*Jeanne* de Castille, fille de *Ferdinand* et d'*Isabelle*) le suivant à petites journées. A l'arrivée de *Philippe*, les deux rois s'embrassèrent et traitèrent ensemble avec toutes les démonstrations d'une apparente cordialité. Le roi de Castille dit gaiement à *Henri* : *Je commence à être puni de n'avoir pas voulu, à notre première entrevue, me trouver avec vous dans l'enceinte de Calais, ou de toute autre place fortifiée. Les murs et la mer,* lui répondit *Henri, ne sont que de légers obstacles pour des princes dont les cœurs sont ouverts l'un à l'autre ; et le roi de Castille doit être* bien persuadé qu'il n'est en Angleterre que pour y recevoir tous les honneurs dus à un grand prince. Après que *Philippe* eut pris deux ou trois jours de repos, le roi, dans un entretien qu'il eut avec ce prince, lui proposa de renouveller leur dernier traité, en lui disant : *Votre personne, il est vrai, est toujours la même; mais votre situation est changée, votre fortune ayant pris un accroissement considérable : or, vous n'ignorez pas qu'en pareil cas les princes sont dans l'usage de renouveller leurs traités.* C'étoit devant des témoins que *Henri* parloit ainsi à *Philippe;* mais, durant ces négociations, ayant choisi le temps et le lieu, il eut avec lui une conférence secrète, où, appuyant légèrement sa main sur le bras de ce prince, et d'un air un peu plus sérieux, il lui dit: *Vous vous êtes sauvé sur mes côtes, aimable prince, et vous avez le cœur trop généreux pour souffrir que je fasse naufrage sur les vôtres. Que signifie ce discours?* lui répondit le roi de Castille, je ne devine pas votre pensée ; je veux dire, reprit *Henri*, que vous avez accordé votre protection à un écervelé qui est mon sujet, au comte de Suffolk, en un mot, qui s'est avisé bien tard de me faire des sottises, et qui ne commence à se mettre en train qu'au moment où tous les autres sont las. Je m'étois persuadé, repartit le roi de Castille, que le haut degré de puissance et de prospérité auquel vous êtes parvenu, vous rendoit supérieur à de telles craintes, et que vous ne daigniez pas vous occuper d'un homme si peu redoutable ; mais si ma conduite envers ce seigneur vous déplaît, pour vous ôter toute inquiétude à cet égard, je le bannirai de mes états. J'espère que vous porterez la complaisance encore plus loin, dit le roi, et que vous ferez un peu plus pour moi, je souhaite que vous le remettiez entre mes mains ; car c'est le seul moyen de m'ôter toute inquiétude à l'égard d'un sujet si turbulent. A cette demande, *Philippe* parut un peu décontenancé, et ayant fait une légère pause, comme pour se recueillir et mieux méditer sa réponse, il répondit, en rougissant : *Oh! un tel procédé me déshonoreroit et vous feroit à vous-même peu d'honneur; car il feroit croire que vous m'auriez traité comme votre prisonnier.* S'il n'y a d'autre difficulté que celle là, répliqua sur-le-champ *Henri, la chose est faite ; je prends sur moi tout ce déshonneur, et il n'en rejaillira rien sur vous.* Le roi de Castille, qui avoit la plus haute estime pour *Henri,* sentant d'ailleurs toutes les difficultés de la situation délicate où il se trouvoit; prévoyant qu'il pourroit un jour avoir besoin du secours du roi d'Angleterre, attendu que, la couronne de Castille lui étant nouvellement échue, il seroit comme étranger dans ce royaume dont il alloit prendre possession ; enfin, voyant son beau-père indisposé contre lui, et n'étant pas encore assuré de l'affection des peuples, dit à *Henri,* d'un air plus tranquille : *Comme vous m'imposez une sorte de loi, j'aurai droit à mon tour, en y souscrivant, de vous imposer une condition; ce sera de promettre sur votre honneur d'accorder du moins la vie au comte. J'y consens,* répondit aussi-tôt le roi, en embrassant ce prince; *trouverez-vous bon,* ajouta le roi de Castille, *qu'en envoyant des ordres à ce sujet, j'arrange les choses de manière que le comte se flatte de ne retourner en Angleterre que de son propre mouvement? Mesure très prudente,* reprit *Henri;* et, *si vous le permettez, je me joindrai moi-même à vous pour cet effet, et je lui écrirai de manière à le lui persuader.* En conséquence, les deux rois écrivirent, chacun de leur côté, sur le ton dont ils étoient convenus. En attendant les réponses, *Henri* traita magnifiquement le roi et la reine de Castille, et leur donna des fêtes. Mais le but de *Henri,* en lui faisant ces honneurs, n'étoit que de gagner du temps; ce prince souhaitant que *Suffolk* fût entre ses mains avant le départ du roi de Castille. Celui-ci, de son côté, se prêtoit aussi à ses vues, afin qu'on ne pût douter que ce qu'il avoit accordé au roi d'Angleterre avec tant de répugnance, lui avoit été en effet extorqué. Dans les conférences que ces deux princes eurent ensemble, le roi employa les plus fortes raisons et toute son adresse pour engager *Philippe* à se gouverner par les conseils de son beau-père, dont l'habileté, l'expérience et les brillans succès étoient connus du monde entier. Mais ce jeune prince, qui étoit très mécontent de *Ferdinand,* fit cette réponse à *Henri: Quand mon beau-père voudra bien me permettre de gouverner mes états, comme j'en ai le droit, alors je lui permettrai de me gouverner moi-même.*

Le comte de *Suffolk,* rassuré par ces espèces d'avances que ces deux princes paroissoient lui faire, ne craignant plus pour sa vie, et ayant même quelque espérance d'obtenir sa liberté, consentit aisément à retourner en Angleterre. En conséquence, il fut amené de *Flandre à Calais;* de-là transporté à *Douvres,* puis conduit, avec une garde suffisante, à la tour de *Londres*. Tandis qu'on exécutoit ces ordres, le roi, pour faire passer le temps à l'*archiduc*, et lui rendre ce séjour forcé en *Angleterre* un peu moins ennuyeux, conféra à ce prince l'*ordre de la jarretière*; et *Philippe*, en retour de cette civilité, donna au prince *Henri* celui de la *toison d'or*; puis *Henri* partit pour *Londres* avec le roi et la reine de Castille. A leur entrée dans cette capitale, on leur fit une réception aussi magnifique que le permit le peu de temps qu'on avoit eu pour en faire les préparatifs. Dès que le comte de *Suffolk* eut été conduit à la tour, ce qui étoit le véritable but de *Henri*, et le vrai dénouement de toute cette comédie, les fêtes cessèrent, et les deux rois prirent congé l'un de l'autre. Néanmoins, ce temps que *Philippe* fut forcé de perdre en Angleterre, ne fut pas totalement perdu pour *Henri*, qui sut le mettre à profit; car, dans les conférences qu'il eut avec ce prince, il conclut ce traité dont nous parlions plus haut, et qui étoit daté de *Windsor.* C'étoit avec raison que les Flamands l'appelloient *intercursus malus* (*la mauvaise transaction*); car il contenoit plusieurs articles qui étoient beaucoup plus avantageux aux Anglois qu'à eux; et l'article concernant la liberté de la pêche sur les côtes d'*Angleterre*, article qui se trouvoit dans le traité précédent (conclu dans la onzième année du règne de *Henri*), étoit omis dans celui-ci, et en conséquence n'y étoit point confirmé. Quant aux articles de ce dernier, qui étoient destinés à confirmer ceux des traités antérieurs, ils y étoient limités avec la plus rigoureuse précision; ils n'étoient relatifs qu'au trafic des deux nations; ainsi, ce n'étoit qu'un simple traité de commerce, sans aucune espèce d'extension.

On remarqua que la même tempête qui avoit obligé *Philippe* à relâcher aux côtes d'*Angleterre*, avoit abattu l'aigle dorée qui étoit en haut du clocher de *St. Paul*, et qu'en tombant sur l'aigle noire qui étoit dans le cimetière, elle l'avoit brisée et abattue. On eût dit un oiseau de proie qui, s'abattant du haut des airs, fondoit sur un oiseau d'une espèce plus foible. Cet accident fut regardé par le peuple comme un présage de quelque malheur, dont la famille impériale étoit menacée (1), présage qui sembla se véri-

(1) Pour peu qu'on se rappelle le présage que le peuple de *Paris* tira de l'affreux dénouement de la fête du 30 mai 1770, et les funestes conséquences du mariage à l'occasion duquel cette sinistre fête fut donnée, (mariage long-temps souhaité et négocié par l'impérieuse et vindicative reine de *Hongrie*, qui n'avoit pas trouvé de plus sûr moyen pour ruiner l'illustre race des *Bourbons*, rivale de la sienne depuis tant de siècles, que celui de faire épouser ses filles aux princes de cette maison); pour peu, dis-je, qu'on se rappelle ce pronostic populaire et son épouvantable vérification, on ne sera plus étonné que le peuple, qui *imagine* beaucoup plus qu'il ne *raisonne*, et qu'un seul fait extraordinaire persuade plus fortement que cent mille faits communs, croie aux *présages*, aux *pressentimens*, aux *inspirations*, etc. Pour nous qui ne connoissons que l'existence du prin-

fier, quelque temps après, en la personne même de *Philippe* (fils de l'*empereur Maximilien*), non-seulement par les suites que cette tempête eut pour ce prince, mais aussi par ce qui lui arriva depuis. Car, à la vérité, lorsque ce jeune prince débarqua en *Espagne*, il prit possession du royaume de Castille, sans éprouver d'opposition; et *Ferdinand* y eut tellement le dessous, qu'il eut même assez de peine à obtenir une entrevue avec son gendre (1); mais ce jeune

---

cipe moteur de l'univers, sans connoître sa nature, ni ses augustes volontés, nous suspendons notre jugement sur toute opinion de cette espèce, en nous tenant, suivant notre coutume, au milieu précis entre l'affirmative et la négative; car, si les affirmations du vulgaire, appuyées sur quelques faits isolés et mal observés, ne prouvent pas l'une, les orgueilleuses négations des philosophes, fondées sur les observations qu'ils n'ont pas faites, ne prouvent pas mieux l'autre.

(1) *Philippe* ayant rencontré son beau-père sur une route, ne daigna pas même le regarder, et les jeunes seigneurs qui l'accompagnoient, se mo-

prince fut attaqué, peu de temps après, de la maladie dont il mourut. Cependant, durant ce règne si court, les plus éclairés virent que, si *Philippe* eût vécu plus long-temps, *Ferdinand*, par ses insinuations et sa dextérité, auroit pris sur lui un tel ascendant, que s'il n'eût pu parvenir à gagner son affection, il auroit eu du moins la plus grande influence dans les conseils et dans le gouvernement de la Castille. Après la mort de ce jeune prince, la Castille revint à *Ferdinand*, qui se trouva alors maître de toute l'Espagne comme auparavant, ce qu'il dut en partie au déplorable état de *Jeanne*, sa fille; car cette princesse, passionnée pour son époux, dont elle avoit eu plusieurs enfans, et qui avoit pour elle une égale tendresse (quoique *Ferdinand*

---

quèrent du vieillard. Ce n'est pas le plus beau trait de la vie de *Philippe*. C'est assez de reprendre son bien usurpé par un vieillard tenace; mais il faut respecter la vieillesse, même lorsqu'elle a tort : à plus forte raison, un beau-père.

s'efforçât, pour rendre Philippe odieux aux Castillans, de leur persuader que son gendre avoit pour elle de mauvais procédés), fut si profondément affectée de la mort de ce jeune prince, qu'elle tomba tout-à-fait en démence, et l'on prétendit que *Ferdinand*, pour retenir le sceptre de la Castille, négligea de la faire guérir; en sorte qu'on pouvoit dire de l'adversité de ce dernier prince, comme on l'avoit dit de la prospérité de *Charles VIII*, qu'elle n'avoit été qu'un songe; car l'une et l'autre furent de très courte durée.

Vers le même temps, le roi, jaloux d'élever, en quelque manière, aux honneurs divins, et de placer dans les cieux la maison de *Lancastre*, supplia le pape *Jules* de canoniser Henri VI; et entre autres motifs qu'il alléguoit pour l'y déterminer, il prétendoit que son propre avénement au trône avoit été très clairement prédit par ce prince. *Jules*, suivant la coutume, chargea plusieurs cardinaux de vérifier les miracles et autres actions surnaturelles, attribuées à *Henri VI*;

mais, après un suffisant examen, l'affaire tomba d'elle-même. On prétendit alors que le Saint-Père ayant demandé des sommes exorbitantes pour cette canonisation, et *Henri* ne voulant pas l'acheter à si haut prix, prit le parti de s'en passer (1); mais il est plus vraisemblable que *Jules*, qui étoit jaloux de la dignité du saint siège, craignit d'avilir

---

(1) Peut-être, à l'aide de bons gros *canons*, *Henri VII* auroit-il obtenu cette *canonisation*; car on dit que la *sainte église, catholique, apostolique* et *prudente* prétend qu'il faut respecter les puissances, et qu'en donnant ce précepte, elle prêche d'exemple. Au reste, la cour de Rome n'a pas besoin d'*importer* des *saints* fournis par les *Ultramontains*, puisqu'elle en a une provision inépuisable dans ses catacombes, qui la mettent à même d'en faire une abondante *exportation*, en faveur des princes plus généreux que *Henri VII*; commerce dont les retours sont très avantageux : aussi la France, depuis plusieurs siècles, n'a-t-elle fourni qu'un *demi-saint*, je veux dire, l'illustre *Benoît Labre*, qui méritoit d'autant plus les honneurs de la canonisation, qu'il avoit des *rotules de fer* et mangeoit peu.

les honneurs de la canonisation, s'il les accordoit à un prince qui, suivant l'opinion la plus générale, n'ayant été qu'un homme assez ordinaire, n'avoit rien fait qui l'eût rendu digne d'une telle distinction, et s'il ne mettoit aucune différence entre les *hommes simplement vertueux* et *les saints*.

Cette même année, on entama les négociations du traité relatif au mariage projeté entre le roi lui-même, et *Marguerite*, duchesse douairière de Savoie, fille de l'empereur *Maximilien*, et sœur de *Philippe*, roi de Castille, princesse d'une rare prudence (1), et dont la réputation fut toujours intacte. Les premiè-

---

(1) Elle avoit été chargée de proposer la fameuse *ligue de Cambrai*, entre l'empereur, le pape, le roi de France, celui d'Arragon, etc. contre les Vénitiens, ligue qui échoua dans ses desseins, comme presque toutes les coalitions de cette espèce ; parce que, s'il est possible de s'entendre, quand il s'agit encore de saisir la proie, il n'en est plus de même lorsqu'il est question de la partager, chacun voulant prendre le tout.

res propositions de ce mariage avoient été faites dans les conférences qu'avoient eues ensemble les deux rois (*Philippe* et *Henri VII*); mais peu de temps après, cette affaire fut remise sur le tapis. Le roi employa, pour cette négociation, *Thomas Wolsey*, son chapelain, qui fut cardinal et premier ministre (sous *Henri VIII*, fils et successeur de *Henri VII*). Enfin, ce mariage fut conclu à des conditions très avantageuses pour *Henri*, mais ce n'étoient encore que des paroles et une simple perspective. Le roi avoit d'autant plus d'empressement pour cette alliance, qu'il avoit appris que le traité concernant le mariage projeté entre Ferdinand (*son allié et son ami*), et la *comtesse de Foix*, avançoit rapidement, ce qui commençoit à le rapprocher du roi de France, contre lequel il avoit été long-temps indisposé, tant il est vrai que les amitiés, en apparence les plus intimes et les plus étroites entre les princes, tiennent à bien peu de chose, et que tôt ou tard ils rompent ensemble, ou se réconcilient. De plus, si nous devons en croire un bruit qui se répandit alors, non en *Angleterre*, mais seulement en *Espagne*, *Ferdinand* ayant appris qu'aucune difficulté n'empêchoit ou ne retardoit le mariage projeté entre le prince *Charles* et la princesse *Marie*, seconde fille du roi (mariage qui, à la verité, avoit été proposé d'abord par *Ferdinand*, mais qui ensuite avoit été conclu par les soins de *Maximilien* lui-même et de ses alliés), craignit que *Henri* n'aspirât aussi au gouvernement de la *Castille*, durant la minorité de son gendre; car alors il y auroit eu trois compétiteurs pour cette administration ; savoir : d'abord lui-même, à titre d'aïeul maternel (du prince *Charles*), puis *Maximilien*, aïeul paternel de ce même prince, et *Henri*, son beau-père : craintes d'autant plus fondées, qu'on devoit naturellement présumer que l'administration du dernier de ces trois princes (de *Henri VII*), seroit plus agréable aux Espagnols que celle des deux autres, sur-tout s'il amenoit avec lui le prince, son fils, qui étoit alors dans la fleur de l'âge; car les grands de Castille qui venoient de s'opposer au roi d'*Arragon*, en faveur de *Philippe*, et qui avoient si ouvertement manifesté leurs dispositions à l'égard du premier, ne pouvoient que se défier de lui, et le voir de très mauvais œil. Quant à *Maximilien*, en vain auroit-il osé y prétendre, trop de motifs et de causes l'en excluoient. Mais, pour peu qu'on envisage le caractère et le tour d'esprit de *Henri*, qui n'étoit point homme à se perdre dans des spéculations si vastes et si dangereuses, mais qui s'attachoit toujours à ce qu'il y avoit de plus sûr et de plus solide en ce genre, cette entreprise si vantée qu'on attribue à ce prince, n'est qu'une chimère créée par ses admirateurs, et il ne paroît nullement vraisemblable qu'il ait jamais eu de telles prétentions : à moins qu'on ne suppose qu'ayant les poumons affectés, il vouloit se mettre à même de respirer un air plus chaud. Quoi qu'il en ait pu être, ce mariage projeté du roi avec *Marguerite de Savoie* fut différé de jour en jour, à cause de la mauvaise santé de ce prince; car, dès la vingt-deuxième année de son règne il eut des attaques de goutte, sans compter qu'un rhume négligé s'étant jeté sur la poitrine, il en eut les poumons attaqués; en sorte que trois fois par an, sur-tout au printemps, des attaques de *phthisie* le mettoient en danger. Mais loin que ces infirmités le détournassent des affaires, il s'en occupoit plus que jamais. Cependant les symptômes effrayans qui lui annonçoient une mort prochaine, l'avertissoient qu'il étoit temps de songer à la vie future : au lieu de demander pour *Henri VI* les honneurs de la canonisation, il tâcha de les mériter lui-même, et d'*employer son argent plus utilement qu'il ne l'auroit fait en le donnant au pape* (1); car, dans

---

(1) Quel blasphème ! ce n'est pas sans nous faire une sorte de violence que nous le traduisons; car

cette même année, il répandit de plus abondantes aumônes qu'il n'avoit fait jusqu'alors; aumônes dont une partie fut employée à élargir tous les sujets emprisonnés pour des dettes ou des redevances féodales, dont le montant n'excédoit pas *quarante sous sterlings* (1) (environ 45 liv. de France). Ces avertissemens l'excitèrent aussi à faire des fondations religieuses, et à terminer promptement celles qu'il avoit déja commencées; l'année suivante, qui étoit la vingt-troisième de son règne, celle de la *Savoie* fut achevée : de plus, les plaintes amères qui se répandoient de toutes parts contre les vexations de *Dudley* et

---

il est clair que l'argent donné au *pape* est toujours utile, sinon à celui qui le donne, du moins à celui qui le reçoit. Mais le saint-père nous ayant fait ordonner par M. *Deluc*, son résident à Londres, de traduire Bacon avec une exactitude canonique, il a fallu obéir; et il y paroît.

(1) D'autres historiens disent 44 liv. (sterlings, ou près de 44 louis.)

d'*Empson*, plaintes qui parvinrent enfin aux oreilles du prince, soit par les hommes intègres et religieux qui approchoient de sa personne, soit par l'organe des ecclésiastiques qui tonnoient contre ces deux concussionnaires, dans la chaire de vérité (prédicateurs auxquels il laissoit toute liberté à cet égard); ces plaintes, dis-je, excitèrent son repentir et ses remords, relativement à ces exactions qu'il avoit ordonnées ou permises (1). *Empson* et *Dudley* ne pouvoient ignorer les scrupules du roi; cependant ces deux ministres s'imaginant apparemment que l'*ame* et la *bourse du roi* étoient deux choses qui n'avoient rien de commun, et que ceux qui étoient

---

(1) Ce prince religieux se repentit tellement d'avoir pris un louis, qu'il rendit un sou, et même rendit ce sou au moment où il ne pouvoit plus le garder; à peu près comme ces *avares*, ou ces *malades* qui ne rendent leur *bourse*, ou *celle d'autrui*, que quand un *voleur* ou un *prêtre* leur tient un *pistolet* ou le *bon-dieu* sous la *gorge* ou sous le *nez*.

chargés de l'une, ne devoient point se mêler de l'autre ; ces scrupules de leur maître ne les arrêtèrent point, et ils foulèrent ses sujets avec autant d'audace et de cruauté qu'auparavant ; car ce fut dans cette même année, je veux dire dans la vingt-troisième du règne de *Henri*, que sir *Guillaume Capel*, lord-maire de *Londres*, fut rançonné impitoyablement, et pour la seconde fois, sous prétexte de mauvaise conduite dans l'exercice de sa charge ; le crime qu'on lui imputoit, se réduisoit à avoir reçu en paiement, et sciemment, quelques pièces fausses ; cependant on ne fit aucune recherche exacte et sévère contre ceux qui avoient ainsi altéré la monnoie. Quoi qu'il en soit, pour cette faute et pour quelques autres qu'on lui reprochoit, il fut condamné à une amende de 2000 liv. (sterlings, environ 44 à 45 mille livres de France); mais ce magistrat, qui étoit naturellement ferme, et d'ailleurs aigri par les vexations précédentes, se moqua de cette condamnation, et ne daigna pas payer un sou de cette amende. Ce refus, et quelques réflexions hardies qu'il se permit contre ces extorsions, le firent mettre à la tour, où il resta jusqu'à la mort du roi. *Kensworth* qui, peu de temps auparavant, avoit été maire, et les deux lieutenans (du comté) de la même année, furent aussi traduits en jugement, sous prétexte de quelques fautes par eux commises, lorsqu'ils étoient en charge, et ils furent incarcérés; mais ils furent bientôt élargis, moyennant une composition de 1400 liv. *Hawis,* l'un des *aldermans* actuels de *Londres,* fut également accusé, et mourut de chagrin avant la fin du procès. *Sir Laurent Ailiner,* qui avoit été aussi maire de *Londres,* et ses deux *aldermans,* furent également condamnés, sous les prétextes les plus frivoles, à une amende de 1000 l. Quant à *Laurent,* ayant refusé nettement de payer son amende, il fut confiné dans une prison, où il demeura jusqu'au temps où *Empson* y vint le remplacer.

Pour peu que l'on considère ces amendes si exorbitantes pour des délits si légers, on ne sera plus étonné que le roi ait amassé ces trésors immenses qu'il laissa en mourant, et dont la plus grande partie étoit cachée en différens endroits du palais de *Richemond*, et sous sa clef. Ils montoient à cinq millions et demi (sterlings), somme prodigieuse pour ce temps-là (1).

Le dernier acte de la vie politique de ce prince, et le comble de ses prospérités temporelles, fut la conclusion tant souhaitée du mariage projeté entre *Marie*, sa seconde fille, et *Charles*, prince de Castille (qui fut depuis le grand

---

(1) Environ 124 millions de notre monnoie, somme qu'il faut multiplier par 3, la valeur échangeable ou relative de l'argent ayant été réduite à peu près au tiers, depuis l'époque dont nous parlons; ce qui donne environ 372 millions ôtés de la circulation : cependant il réparoit un peu le mal, en prêtant, sans intérêts, de grosses sommes à des négocians, à des armateurs et à des manufacturiers.

Charles V). Le prince et la princesse étoient encore dans un âge fort tendre (1). Ce traité fut terminé à *Calais*, dans la dernière année du règne de *Henri*, par l'entremise de l'évêque *Fox*, et de quelques autres députés de ce prince. Le roi étoit si charmé, je dirois même si ravi de cette alliance, que, dans la lettre qu'il écrivit à ce sujet à la ville de *Londres*, lettre où il enjoignoit aux habitans de faire des réjouissances proportionnées à l'importance de cet événement, il se glorifioit d'avoir entouré d'un mur d'airain le royaume d'Angleterre, attendu qu'il avoit alors pour gendres le *roi d'Ecosse* et le *prince de Castille*, qui étoit l'héritier de l'opulente maison de Bourgogne. En effet, si l'on envisage les grandes alliances qu'il avoit contractées par les

---

(1) Cette princesse, comme nous l'avons dit dans une des notes précédentes, épousa d'abord Louis XII, roi de France; puis Charles *Brandon*, duc de *Suffolk*, favori de *Henri VIII*, et le cavalier le plus accompli de son siècle.

mariages de ses enfans, la haute réputation qu'il s'étoit acquise dans le monde entier, ses immenses richesses, et cette suite non interrompue d'éclatans succès qui avoient couronné toutes ses entreprises, on portera le même jugement que lui sur la situation où se trouvoit alors l'*Angleterre;* et cette gloire qu'il s'attribuoit, lui paroîtra due : à tant de prospérités on peut ajouter sa mort même, qui vint si à propos pour le garantir des coups de la fortune; coups dont il étoit d'autant plus menacé, qu'il s'étoit attiré la haine du peuple, et que son fils, déja parvenu à l'âge de dix-huit ans, prince aussi courageux que libéral, et dont l'extérieur majestueux attiroit sur lui les regards de la nation, pouvoit être tenté de se prévaloir de son propre titre, supérieur à celui de son père.

Henri voulut terminer son règne d'une manière qui répondît à ses commencemens, et inspiré par la religion alliée à une généreuse clémence; il fit une action qui mérite de servir d'exemple à tous les princes; il accorda une *amnistie ou une abolition générale du passé*, semblable à celle que les rois accordent à leur couronnement (1). Il fit plus, il voulut, par son testament, que ses officiers restituassent toutes les sommes d'argent qu'ils avoient extorquées de son peuple.

Tels furent les derniers actes du *Salomon* de l'*Angleterre*. Je compare *Henri* à ce prince, parce que celui-ci fut aussi, *par ses exactions multipliées, un fardeau pour son peuple* (2). Il mourut à l'âge de cinquante-deux ans, après un règne de vingt-trois ans et huit mois. Il

---

(1) Il pardonna aussi à ses sujets tout le mal qu'il leur avoit fait.

(2) Ce qui, avec les *sept cents concubines* de ce modèle des rois, constituoit un prince fort *sage*, du moins *en ce temps-là* et parmi des *Juifs*. Nous avons dit dans une des notes précédentes, que *Jacques I*, roi d'Angleterre, étoit grand admirateur de la politique tortueuse de *Henri VII*; et quelques critiques prétendent que notre auteur ne composa cette histoire que pour plaire à son mai-

conserva jusqu'à la fin toute sa mémoire et toute la tranquillité de son ame; la maladie qui termina ses jours, l'ayant consumé peu-à-peu, et fait passer insensiblement de cette vie à une meilleure, le 22 avril 1568. Il habitoit alors son palais de *Richemond*, qu'il avoit lui-même fait bâtir.

Portrait de Henri VII, tracé par le chancelier Bacon.

Henri VII (s'il m'est permis d'élever un peu mon style, pour le mettre à la hauteur des grandes qualités de ce prince) fut une sorte de prodige, mais un prodige de nature à frapper légèrement

---

tre. Aussi n'a-t-il eu garde de dire que son héros fut complètement joué par *Anne de Beaujeu, régente de France*, dans l'affaire de la réunion de la Bretagne; on doit savoir aussi que *Jacques I*, qui n'étoit pas moins pacifique que *Salomon*, mais par une autre raison, et qui argumentoit fréquemment sur des matières théologiques, s'étoit imaginé, à l'aide du *chancelier Bacon*, et de quelques autres flatteurs, qu'il étoit lui-même un *Salomon*.

les esprits vulgaires, et à n'étonner que les hommes éclairés : car il eut des vertus, des talens et des succès beaucoup moins propres pour figurer dans une oraison funèbre, que pour fixer l'attention d'un homme judicieux et d'un esprit solide. Ce prince fut sans doute rempli de religion et de piété; sentimens qu'il manifestoit par sa conduite, ainsi que par ses discours, ayant même un goût assez décidé pour les cérémonies, les chants et tout l'appareil du culte divin : mais, quoiqu'il fût trop éclairé pour confondre la superstition avec la vraie religion, quelquefois néanmoins aveuglé par les intérêts politiques ou par des conseils intéressés, il aima un peu trop à avancer les ecclésiastiques, et eut trop de ménagemens pour les privilèges des lieux d'asyle, qui lui causèrent tant d'embarras et d'inquiétudes. Il fonda et dota richement un assez grand nombre de monastères et d'autres maisons religieuses; établissemens dont le plus mémorable fut l'hôpital de la *Savoie*; ce qui ne l'empêcha pas de faire beaucoup d'aumônes secrètes qui prouvent assez que, s'il entreprit ces grandes fondations dont nous venons de parler, et qu'on pouvoit regarder comme des *aumônes publiques*, ce ne fut point par vanité et par ostentasion, mais par des motifs de religion, et qu'en faisant ces riches donations, il eut en vue la gloire de l'Être suprême, et non la sienne propre. Il fut pacifique, par goût ainsi que par principes ; et non-seulement il avoit la plus forte inclination pour la paix, n'épargnant rien pour la procurer à ses sujets, mais même il faisoit profession et tiroit gloire de ces dispositions pacifiques ; car, dans plusieurs de ses traités, il usa de ce préambule : *A la naissance de Jésus-Christ, les Anges annoncèrent la paix aux nations, et il la légua au monde en le quittant.* Cet amour de la paix n'étoit en lui l'effet ni de la crainte, ni de l'indolence, car il avoit fait ses preuves dans les combats, mais de sentimens vraiment chrétiens et vertueux. De plus, quoiqu'il aimât la paix, il savoit que le plus sûr moyen pour ne pas l'obtenir, étoit de paroître la souhaiter très vivement. En conséquence, lorsqu'il entamoit un traité de paix, il avoit soin de semer des bruits de guerre, et de faire de grands préparatifs, pour intimider l'ennemi et obtenir des conditions très avantageuses. Il ne sera pas non plus inutile d'observer que ce fut peut-être à cet amour même pour la paix qu'il dut ces prospérités si constantes qui couronnèrent toutes ses expéditions militaires ; car ses armes furent toujours heureuses, soit dans les guerres au dehors, soit dans celles qui eurent pour causes des révoltes, et il ne sut jamais ce que c'étoit qu'une défaite. Par exemple, ses expéditions contre *Richard III*, le *comte de Lincoln* et le *baron d'Audley*, furent terminées par autant de victoires ; ses guerres contre la *France* et l'*Ecosse* le furent par des traités de paix dont ses ennemis firent les avances ; celle de *Bretagne* le fut par un événement imprévu; savoir, par la mort du dernier duc; la révolte du *baron de Lovel* et le soulevement excité par *Perkin*, furent aussi-tôt étouffés par la fuite des rebelles qui n'en vinrent pas même aux mains, et il n'y eut point d'action engagée dans ces deux occasions : en sorte que des succès constans accompagnèrent ses armes, et qu'il n'eut jamais d'échec. Cette facilité avec laquelle il étouffa tous les soulevemens, doit être principalement attribuée à son courage et à son activité; car, dès que le feu de la révolte étoit allumé, il couroit lui-même l'éteindre, n'ayant jamais balancé à exposer sa personne dans ces occasions. Quelquefois, il est vrai, il faisoit marcher devant lui ses lieutenans, et les laissoit engager la première action; mais il les suivoit de près avec un corps de troupes choisies, pour les soutenir en cas d'échec; en un mot, il se chargeoit toujours lui-même de quelque partie de l'expédition; conduite qu'on ne doit pas attribuer uniquement à son ardeur militaire, mais en partie aussi à sa défiance et à ses soupçons; car, ne se fiant jamais entièrement à personne, il vouloit être par-tout.

Il eut toujours les plus grands ménagemens pour les loix du royaume, et affecta même de les appuyer de son autorité; ménagemens toutefois qui ne faisoient jamais obstacle à ses desseins, et ne l'empêchoient nullement d'aller à ses fins; car, quoiqu'il respectât la liberté et les privilèges de ses sujets, il ne les respectoit pas au point de souffrir qu'ils empiétassent sur lui, soit en diminuant ses revenus, soit en donnant atteinte à sa prérogative; mais, usant d'un sage tempérament sur ce point, il sut tout à la fois plier, en quelque manière, les loix, pour les ajuster à sa prérogative, et en modérant à propos l'exercice de cette prérogative, lui donner toute l'impartialité des véritables loix : par exemple, sur tout ce qui concernoit les *monnoies*, les *déclarations de guerre*, les *traités de paix* et *les forces militaires du royaume*, tous points qui font sans contredit partie de la prérogative royale, il s'en rapportoit souvent aux décisions du parlement. D'un autre côté, si la justice, généralement parlant, fut rendue avec beaucoup d'exactitude et d'équité, durant tout son règne, il faut toutefois en excepter les cas où le roi se trouvoit lui-même partie dans le procès; à quoi il faut ajouter que son conseil privé s'immisçoit beaucoup trop dans les contestations entre particuliers et dans les discussions relatives aux propriétés; ce conseil étant devenu alors une sorte de cour de justice et de tribunal, sur-tout au commencement de son règne. Ce prince excelloit dans cette partie de la justice, qui a des effets durables, et qui reste, pour ainsi dire, gravée sur l'airain, je veux dire, dans la partie *législative*. Il dut principalement sa haute réputation aux sages loix qu'il établit, ou suggéra. Cependant sa justice, quoique sévère, étoit tempérée par la clémence et la facilité à pardonner; car, durant tout son règne, il n'y eut dans la haute noblesse que trois personnes d'exécutées ; savoir, le *comte de Warwick*, le *chambellan (sir William Stanley)*, et le *baron d'Audley*; mais il faut convenir que les deux premieres exécutions lui tinrent lieu d'un grand nombre, pour s'attirer la haine de ses sujets, et exciter un mécontentement universel. D'un autre côté, l'histoire n'offre aucun exemple de révoltes, comparables à celles d'*Excester ou de Black-Heath*, qui aient été punies aussi légèrement que celles-ci, et où il y ait eu aussi peu de sang répandu par le glaive de la justice. Quant à cette sévérité qu'il exerça contre les partisans de *Perkin*, qui avoient fait une tentative sur les côtes du comté de *Kent*, et qu'on pourroit, à la première vue, taxer de cruauté, on doit observer que c'étoit une troupe de *bandits*, de gens sans aveu, et le rebut de toutes les nations voisines ; car on a pu remarquer, en lisant l'histoire de ce prince, qu'il accordoit toujours une amnistie et une abolition générale du passé, soit avant de marcher contre les rebelles, soit après avoir étouffé la révolte. Or, en le voyant ainsi, tantôt accorder des pardons d'une main si libérale, tantôt sévir contre les rebelles avec une rigueur qui semble tenir de la cruauté, on peut être étonné qu'il ait employé alternativement des moyens si opposés, et soupçonner qu'il n'avoit aucune règle fixe sur ce point. Mais ce seroit bien peu connoître un prince d'une prudence consommée, et lui faire injustice, que de le taxer d'inconstance et d'irrésolution à cet égard; on doit plutôt attribuer cette conduite à quelque raison secrète que les historiens n'ont pu découvrir; ou même présumer qu'il s'étoit fait une règle positive de combiner ainsi, dans toutes ses mesures, la douceur et la sévérité, en les employant alternativement, pour les tempérer l'une par l'autre. Mais, il faut l'avouer, s'il épargnoit la vie de ses sujets, il n'épargnoit guere leurs bourses; et moins il leur tiroit de sang, plus il leur tiroit d'argent. Ses ennemis ont prétendu, avec quelque fondement, que si, dans les punitions qu'il infligeoit aux rebelles, il épargnoit ainsi leurs personnes, c'étoit à fin de pouvoir impunément s'en prendre à leurs fortunes; car, s'il eût exercé ces deux genres de sévérité en même temps, son administration auroit été intolérable. On ne peut disconvenir que ce prince n'ait aimé à thésauriser, et que l'éclat de l'or ne l'ait ébloui beaucoup plus qu'il ne convenoit au poste élevé qu'il occupoit. Le peuple, qu'un sentiment naturel (qui semble lui avoir été donné pour la conservation des monarchies) porte à excuser les princes, et à rejeter (quelquefois même très injustement) toutes leurs fautes sur leurs conseillers et leurs ministres, imputoit les exactions du roi aux suggestions du cardinal *Morton* et de *Reginald Brai* (1). Mais le temps même

---

(1) Cette propension du peuple à rejeter toutes les fautes du prince sur ses ministres, dont quelques-uns n'ont d'autre tort que celui d'exécuter

les justifia; et les événemens ultérieurs prouvèrent que ces deux personnages, qui depuis long-temps étoient dans la

---

ses ordres, par pure obéissance et après des représentations aussi périlleuses qu'inutiles, peut être attribuée à différentes causes; mais, n'ayant pas le loisir de les chercher toutes, nous nous contenterons pour le moment d'en indiquer huit.

1°. Le peuple regarde les rois comme des êtres *d'une nature supérieure*, dont il ne peut sans crime censurer la conduite, et la religion même l'aide à se faire illusion sur ce point : *il faut respecter les puissances*, lui dit-elle, *il n'est pas permis de porter la main, ni même la langue sur l'oint du Seigneur*; elle dit, *et le peuple respecte si fort les puissances, que ces puissances ne le respectent point* : au lieu qu'un ministre est presque un *homme*; et comme la critique croit pouvoir l'atteindre, elle l'atteint en effet.

2°. Le *roi*, dans l'opinion du peuple, est *le véritable maître du troupeau*; il se contente de *tondre* sa *brebis* tous les ans, et enlève la laine avec précaution ; au lieu que le *ministre*, qui n'est pas *le propriétaire*, mais seulement le *gardien de la bête*, et qui n'est là qu'*en passant*, est si pressé de la dépouiller, qu'en la *tondant*, il *l'écorche*, et enlève la peau avec la toison; sans compter que

plus haute faveur auprès de Henri, et jouissoient de son estime, ne se prêtoient que par pure complaisance à ces exac-

---

le prince n'a *qu'une seule part à lever*, savoir la sienne; au lieu que le ministre en a *deux à prendre, la plus petite, pour le maître, et la plus grosse, pour le valet.*

3°. L'homme est naturellement porté à desirer que les êtres qui peuvent tout sur lui, ne veuillent que son bien, et à croire que ce qu'il desire existe réellement.

4°. Le peuple *s'excuse*, en quelque manière, *auprès* du prince, en *accusant son ministre*, et semble lui dire : *Nous ne sommes point des rebelles, car nous n'accusons que votre ministre; nous savons bien que vos intentions sont toujours bonnes, et nous nous plaignons seulement de ce qu'elles ne sont pas suivies* : mais accuser directement le ministre, n'est-ce pas accuser indirectement le prince même, et lui dire : *Il vous manque le talent le plus nécessaire à un souverain, celui de choisir les hommes; ceux que vous devez gouverner, vous gouvernent vous-même ; au lieu de commander, vous obéissez :* vous êtes le sujet de vos sujets, le valet de vos valets.

5°. Un ministre, quoique fort élevé au-dessus

tions du roi dont ils connoissoient la cupidité naturelle, et même qu'ils réprimoient quelque peu ce honteux penchant de leur maître; au lieu qu'*Empson* et *Dudley* qui leur succédèrent, et qu'il n'estimoit qu'autant qu'ils servoient en esclaves sa passion dominante, loin de mo-

---

du peuple, ne l'a pas toujours été autant qu'il l'est actuellement; c'est une espèce de *parvenu*, *un homme nouveau*; or, *le laquais devenu valet-de-chambre, est plus envié que le maître*. Si ce ministre est d'une naissance illustre, il devient lui-même une espèce de *roi*; et alors ce n'est plus lui qui a tort, mais son secrétaire, son commis, etc.

6°. Si le peuple n'étoit pas dans l'habitude d'imputer ses maux au ministre, celui-ci pourroit trop souvent s'excuser aux dépens du prince; alléguer qu'il n'a fait qu'obéir à ses ordres, et imputer au maître le crime du valet : c'est donc pour lui ôter d'avance cette excuse, qu'on l'accuse lui-même, et *on lui impose toute la responsabilité*, non-seulement *pour l'empêcher de donner au prince de mauvais conseils, mais même pour le forcer de lui en donner de bons*; car un bon ministre est

dérer en lui ce desir d'amasser, le provoquoient et le nourrissoient ; vexations toutefois dont ce prince se repentit sur la fin de son règne, et auxquelles son successeur renonça, en s'efforçant même d'en effacer le souvenir, et d'en décliner l'odieux par la punition de ces deux mi-

---

un ministre qui craint plus le peuple que le roi ; et vice versâ.

7°. *Le peuple accuse le ministre, afin de ménager au prince une excuse,* au cas que celui-ci soit susceptible d'amendement ; et alors le maître feint d'avoir laissé surprendre sa religion ; il renvoie son ministre, pour contenter le peuple ; il ne perd point la confiance publique ; et cette confiance même l'engage à se corriger.

8°. Il est vrai, en général, que *les rois ne sont que des fainéans et des prête-noms;* que ce sont les ministres qui font presque tout. La plupart des princes passent leur vie dans les bois ; et tandis qu'ils chassent aux bêtes fauves, leurs ministres chassent aux hommes. Ainsi, le peuple, en imputant ses maux aux ministres, et excusant le prince, est presque toujours juste ; mais, comme nous l'avons déja observé, ces ménagemens mêmes qu'on a pour le prince, sont une censure indirecte, et une telle excuse l'accuse.

nistres concussionnaires. Ces exactions de *Henri* ont donné lieu à beaucoup de conjectures, et on les attribue à différentes causes. Les uns prétendent que ce prince, aigri par les fréquentes révoltes qu'il avoit essuyées, en vint jusqu'à prendre son peuple en aversion, et qu'il le fouloit, en quelque manière, par vengeance. Les autres pensent qu'il vouloit abattre la fierté de ce peuple indomptable, en lui imposant un plus pesant fardeau, l'asservir par la misère, et l'affamer pour le dompter. D'autres présument qu'il vouloit laisser à son fils *la toison-d'or* (1) (des coffres pleins). D'autres enfin croyoient qu'il méditoit quelque grande expédition au dehors, et accumuloit ainsi pour se mettre long-temps d'avance en état d'exécuter ce dessein. D'autres enfin, sans aller chercher si loin les causes de l'avidité de ce prince, l'ex-

---

(1) Allusion à l'ordre de la *Toison-d'or*, que le roi de Castille, durant son séjour forcé à *Londres*, avoit conféré au prince *Henri*.

pliquent beaucoup plus naturellement, en l'attribuant tout simplement à son penchant naturel, à son âge déja un peu avancé, à la paix dont il jouissoit, et qui nourrissoit en lui l'amour des richesses, en les accumulant sous ses yeux; enfin, au vuide de son ame qui, n'ayant point d'autre occupation suffisante pour exercer son activité naturelle, ni d'autre objet d'ambition, se tourna d'elle-même de ce côté-là (1). A quoi l'on peut ajouter que ce prince, ayant été souvent à portée de voir par ses propres yeux la détresse où s'étoient trouvés d'autres princes, par la disette d'argent et la difficulté de s'en procurer, n'avoit que mieux senti, par la comparaison de sa propre situation avec la leur, l'avantage d'avoir un trésor toujours croissant.

---

(1) Et à la *phthisie;* car l'avarice est un vice inhérent à la foiblesse; les femmes, les vieillards et les hommes délicats étant ordinairement avares ou disposés à le devenir. La *phthisie est un principe d'avarice, et réciproquement l'avarice est un principe de phthisie.*

Quant à sa dépense, il déployoit sa magnificence dans ses bâtimens; mais il n'étoit rien moins que libéral envers ceux qui l'avoient bien servi; ce qui prouve assez que, s'il répandoit quelquefois ses trésors, c'étoit moins pour récompenser la vertu ou encourager les talens, que pour s'affermir lui-même sur le trône, ou pour immortaliser son nom.

Ce prince eut une ame fière et élevée, il tenoit beaucoup à ses propres idées, et ne suivoit que ses propres vues, sachant se respecter, et voulant régner par lui-même. On auroit même pu le taxer d'orgueil, s'il n'eût été qu'un simple particulier; mais, dans un prince de ce caractère, c'étoit le sentiment de sa propre grandeur qui le portoit à laisser, par une prudente réserve, la distance convenable entre ses sujets et sa personne : il maintint constamment sa dignité avec tous ses sujets sans exception. Jamais on ne le vit approcher excessivement de sa personne ses plus fidèles serviteurs, soit en les élevant jusqu'à lui par une autorité excessive, soit en s'abaissant lui-même jusqu'à eux par des confidences trop étendues et par une trop grande familiarité. Jamais prince ne se laissa moins gouverner par les siens. La reine, son épouse, qui lui avoit donné un assez grand nombre d'enfans bien constitués, et à laquelle il devoit la couronne, quoiqu'il ne voulût point en convenir, eut toujours peu de pouvoir sur son esprit. Il eut toujours beaucoup d'égards et de respect pour sa mère; mais rarement il lui confia ses desseins. On ne voit dans son histoire aucun seigneur qui ait su, par les agrémens de sa conversation et de sa société, l'engager à se familiariser un peu plus, et qui ait occupé auprès de ce prince la même place que *Hastings* avoit occupée auprès d'*Edouard IV*, et que *Charles Brandon* occupa depuis auprès de *Henri VIII*. A la vérité, on seroit tenté de regarder l'évêque *Fox*, *Brai* et *Empson*, comme ses *confidens* et ses *favoris*; mais ce n'étoient pour lui que de simples *instrumens*; et s'il les approchoit un peu de sa personne, c'étoit par la même raison qu'un ouvrier tient ordinairement ses outils sous sa main. Il dédaignoit le fastueux étalage, et fut toujours supérieur à la vaine gloire, de manière cependant à ne jamais trop abaisser la majesté souveraine qu'il maintint toujours à sa plus grande hauteur, n'ignorant pas que c'est le respect pour la majesté du prince qui maintient le peuple dans le devoir, et que la vanité des rois ne fait que prostituer, en quelque manière, leurs personnes aux préjugés, aux caprices et au vain caquet de la multitude.

Il fut constamment juste et droit envers les princes ses alliés, mais en même temps couvert et circonspect. En sorte qu'ayant les yeux sans cesse ouverts sur eux, et se tenant lui-même sur la réserve avec eux, il les mettoit, pour ainsi dire, au grand jour, en restant lui-même dans l'ombre. Et quoiqu'il fût d'une profonde dissimulation, sachant cacher cette dissimulation même, il sembloit communiquer librement, familièrement, toutes ses affaires aux autres, qu'il questionnoit aussi sans façon sur les leurs. Quant à ces petites jalousies qui règnent ordinairement entre les princes, et qui embarrassent si souvent leur marche, il en étoit tout-à-fait exempt, et on n'observa jamais en lui rien de semblable ; mais supérieur à tous les petits motifs, et dédaignant toutes les petites considérations, il s'attachoit toujours à l'essentiel, et alloit droit à son but. Aussi jouissoit-il de la plus haute réputation dans ses états; réputation qui étoit encore plus grande et plus éclatante au dehors. Car les princes étrangers n'étant point à portée d'observer de près sa marche et les machines qu'il employoit, n'en jugeoient qu'en gros et par le succès. Ils voyoient seulement que ce prince étoit sans cesse obligé de lutter, et que, dans ces luttes, il avoit toujours le dessus. Les ambassadeurs et les envoyés des autres princes, qui se trouvoient toujours en grand nombre à sa cour, contribuoient aussi à cette réputation, par leurs lettres et leurs relations. Car non-seulement il savoit gagner leur estime et leur confiance par son affabilité, par ses présens et par les agrémens de sa conversation, mais, dans ces entretiens mêmes où il déployoit ses connoissances étendues et précises sur la situation politique de l'Europe, et sur les intérêts respectifs des différens princes, il excitoit leur admiration. A la vérité, c'étoit à ces envoyés mêmes qu'il devoit la plus grande partie de ces connoissances qu'ils admiroient en lui : mais, en les tirant d'eux successivement, il savoit s'approprier le tout, et le faire admirer à chacun de ceux mêmes qui en avoient fourni les parties. En sorte qu'en écrivant à leurs maîtres, ils leur donnoient la plus haute idée de la prudence et des talens politiques de ce prince. De plus, après leur retour, ils entretenoient avec lui une correspondance suivie, et lui procuroient ainsi beaucoup de lumières qu'il lui importoit d'acquérir ; tant il avoit de talent pour attirer à lui les ministres des autres princes, et gagner leur confiance.

Il n'épargnoit ni soins, ni temps, ni argent, pour être exactement informé de tout; informations qu'il se procuroit non-seulement à l'aide des ambassadeurs envoyés par les autres princes, et résidant auprès de sa personne, et par le moyen des pensionnaires qu'il avoit soit en cour de Rome, soit dans les autres cours, mais encore par les relations de ses propres envoyés. Il leur donnoit, dans cette vue, des instructions extrêmement détaillées, minutieuses même, rédigées par articles distincts et avec beaucoup de méthode; instructions qui n'avoient pas toujours pour objet une négociation positive, mais quelquefois aussi de simples informations à prendre, des découvertes à faire. Il exigeoit d'eux des relations et des réponses non moins détaillées, voulant qu'ils répondissent à ses questions article par article, et suivant l'ordre même qu'il leur avoit tracé.

Quant à ce grand nombre d'émissaires, d'agens secrets et d'espions qu'il entretenoit pour découvrir les conspirations et les complots qu'on tramoit contre lui, on ne peut disconvenir que de telles précautions ne fussent indispensables dans la situation difficile où il se trouvoit, et que, sans cette extrême vigilance, ce grand nombre d'ennemis qui travailloient à miner sa puissance, auroient fini par le ruiner. Cet espionnage doit d'autant moins lui être reproché, que si, dans une guerre proprement dite, il est permis d'avoir des espions pour découvrir les desseins d'un ennemi déclaré, à plus forte raison doit-il l'être d'en employer pour observer des traîtres et des conspirateurs (1); mais d'employer

---

(1) Sans doute; mais en employant la trahison même contre des traîtres, on leur ressemble. Quoique le soin même de notre propre conservation fasse partie de nos devoirs, cependant il ne faut pas vouloir exister à tout prix; et il vaut mieux n'être point du tout, qu'être vil.

des sermens, et même des excommunications, pour accréditer ces espions, et empêcher l'ennemi de se défier d'eux, comme le faisoit quelquefois ce prince, est une méthode que je n'entreprendrai point de justifier. Les vêtemens sacrés ne sont pas faits pour être employés à un travestissement, et en faire un tel usage, c'est les profaner. Quoi qu'il en soit, il tiroit un double avantage de ces machines, bonnes ou mauvaises, qu'il employoit. Car, non-seulement ces agens secrets lui servoient à découvrir un grand nombre de conspirations; mais de plus, comme on n'ignoroit pas qu'il avoit par-tout des espions, ses ennemis se défiant les uns des autres, cette défiance même leur servoit de frein, et décourageoit ceux qui auroient été tentés de conspirer contre lui.

Loin de se laisser gouverner par la reine, son épouse, il n'avoit pas même pour elle toutes les attentions et toute la complaisance qu'il lui devoit. Mais il étoit exempt de jalousie, et ses procédés avec elle étoient sinon tendres et obligeans, du moins polis et civils (1). Quant à ses enfans, il s'occupoit d'eux avec toute la sollicitude de la tendresse paternelle, et veilloit avec le plus grand soin à leur éducation. De plus, la hauteur naturelle de son ame le portoit à les entretenir d'une manière convenable à leur naissance ; il n'épargnoit rien pour leur préparer les plus éclatantes destinées, et vouloit qu'en toute occasion on leur rendît les honneurs dus à leur rang. Mais il n'étoit point du tout jaloux de les faire briller souvent aux yeux de la nation,

---

(1) C'est-à-dire, qu'il faisoit à son épouse, avec toute la civilité possible, le plus grand affront qu'on puisse faire à une femme, celui de ne pas l'aimer, et de le lui témoigner assez clairement. C'est ainsi qu'à force de complimens et de profondes révérences, en reconduisant un homme dont on ne veut pas faire un ami, on le met pour toujours à la porte, sans se faire un ennemi. Mais il n'appartient qu'aux personnes de la plus illustre naissance, rehaussée par la plus brillante éducation, de chasser ainsi les gens.

et d'attirer sur eux les regards de la multitude.

Il mettoit presque toutes les affaires en délibération dans son conseil, où il se trouvoit fréquemment en personne, persuadé que c'étoit le plus court et le plus sûr moyen pour affermir son autorité, et pour se procurer toutes les lumières dont il pouvoit avoir besoin. Dans cette vue, il laissoit aux membres de cette assemblée une entière liberté, soit pour manifester leur opinion, soit pour donner leurs suffrages, jusqu'à ce qu'il eût déclaré son propre sentiment, ce qu'il ne faisoit ordinairement qu'à la fin de la délibération.

Il s'attachoit un peu trop à abaisser la noblesse, qu'il éloignoit presque toujours des affaires, n'y employant le plus souvent que des ecclésiastiques, ou des gens de robe, qu'il trouvoit plus soumis, et qui avoient moins d'influence sur le peuple; conduite qui, à la vérité, rendoit son autorité plus absolue, mais moins assurée, et qui tendoit plutôt à étendre sa prérogative qu'à l'affermir sur le trône : et telle fut sans doute la véritable source de ces révoltes si fréquentes sous son règne ; car ceux mêmes d'entre les grands qui demeuroient dans le devoir, étant indisposés contre lui, ne prenoient point à cœur les affaires dont il les chargeoit, et exécutoient froidement ses ordres, plus disposés à le laisser faire qu'à le seconder avec zèle et vigueur. Lorsqu'il employoit des sujets distingués par leurs talens ou leurs vertus, ce mérite éminent ne lui donnoit point d'ombrage ; foiblesse souvent reprochée à *Louis XI*, roi de France. Au contraire, il employoit toujours de préférence, pour la gestion de ses affaires, les hommes les plus habiles de son temps ; et l'on peut présumer que, s'il ne se fût pas servi d'eux, il n'auroit pas eu tant de succès. Ses lieutenans ordinaires, dans les expéditions militaires, étoient le *duc de Bedfort, les comtes d'Oxford et de Surrey, les barons d'Aubeney et de Broke, et sir Edouard Poynings* : ceux qu'il préféroit pour l'administration de l'intérieur, ou pour les négociations, étoient *Fox, Brai, le prieur de Lanthony, Warrham, Urswich, Frowich*, etc. Peu lui importoit que ceux qu'il chargeoit de ses affaires fussent rusés et artificieux ; car il étoit persuadé que son adresse prévaudroit toujours sur la leur, et qu'ils trouveroient toujours en lui leur maître à cet égard ; mais si, dans le choix de ses ministres, et en général de ses serviteurs, il faisoit preuve d'un grand discernement, il n'avoit pas moins de fermeté pour les soutenir. Aussi est-on étonné, en voyant qu'un prince si couvert et si soupçonneux, durant un règne de vingt-quatre ans, et dans un temps où l'on n'entendoit parler que de révoltes et de conspirations, n'ait dépouillé de ses emplois aucun de ses ministres, de ses conseillers intimes, ni des officiers de sa maison, à l'exception de *sir Guillaume Stanley,* son chambellan. Quant aux sentimens et aux dispositions de ses sujets envers lui, nous pouvons en donner une juste idée en peu de mots. Il fut très respecté, médiocrement craint, et si peu aimé, qu'il ne dut sa sûreté qu'aux deux autres sentimens qu'il avoit su inspirer à ses sujets.

Henri étoit un peu mélancolique, sérieux, rêveur, renfermant en lui-même toutes ses pensées, et peu communicatif. Mais il avoit continuellement à la main un livret, rempli de notes et d'observations sur différentes personnes, et où étoient principalement désignés ceux qu'il destinoit aux emplois, ceux auxquels il devoit des récompenses, ceux qu'il vouloit faire observer, et dont il devoit se défier ; enfin, ceux qui, étant étroitement liés, soit par des services réciproques, soit par des intérêts communs ou par l'esprit de parti, formoient déjà une sorte de coalition; c'étoit comme le journal de ses pensées dont il tenoit, pour ainsi dire, registre avec le plus grand soin. On rapporte même à ce sujet une anecdote assez plaisante. On dit qu'une petite *guenon* qu'il nourrissoit, agacée, selon toute apparence, par quelqu'un de ses domestiques, se saisit un jour du précieux livret que ce prince avoit oublié de serrer, et le mit en pièces, ce qui excita un rire universel parmi ses courtisans et ses officiers, à qui toutes ces remarques et ce livret où elles étoient consignées, déplaisoient fort.

Quoiqu'il fût très défiant et très soupçonneux, néanmoins il bannissoit aussi aisément ces soupçons qu'il leur donnoit entrée, parce qu'ayant la prudence de les soumettre d'abord à un mûr examen, il ne leur laissoit pas le temps de prendre pied dans son ame ; en sorte qu'ils étoient plus pénibles pour lui que dangereux pour les autres. Il est pourtant à présumer que ces pensées si sombres qui l'assiégeoient sans cesse, étoient en trop grand nombre, trop disparates, et quelquefois même trop contraires les unes aux autres, pour pouvoir concourir toutes également à ses desseins ; et que, si quelques-unes pouvoient lui être utiles, les autres devoient lui être nuisibles. Car on ne peut raisonnablement lui supposer une prudence tellement supérieure à celle de tous les autres mortels, qu'il ait toujours été heureux dans ses conjectures, et ait pesé toutes choses au poids de la raison. Par exemple, au commencement de son règne, lorsque le bruit se répandit que *Richard*, duc *d'Yorck*, s'étoit échappé de la tour, et étoit encore vivant, faux bruit qui excita tant de troubles et de révoltes contre *Henri*, et lui causa tant d'embarras, c'étoit lui-même qui l'avoit semé et accrédité, afin que le parti qu'il avoit pris de régner, en vertu de ses droits personnels, et non du chef de son épouse, parût mieux motivé, et excitât moins de mécontentement. Mais cette nouvelle produisit un effet diamétralement opposé à celui qu'il en attendoit ; c'étoit donc une fausse mesure.

Henri étoit affable, insinuant, persuasif, du moins dans la conversation ; et lorsqu'il prenoit peine à persuader une opinion ou un projet, il étoit difficile de résister à la douceur de son éloquence.

Il étoit plus studieux que savant, et il avoit une prédilection marquée pour les livres français, quoiqu'il n'ignorât pas la langue latine : comme on n'en pourra douter, si l'on considère que le cardinal *Adrien*, et ses autres correspondans, dont quelques-uns savoient assez bien le français, ne lui écrivoient jamais qu'en latin.

Quant à ses goûts et à ses plaisirs, l'histoire garde un silence absolu sur ce sujet. Cependant on voit par les instructions mêmes qu'il donna à *Marsin* et à *Stil*, au sujet de la reine de Naples, leur recommandant de s'informer si elle étoit aussi belle qu'on le disoit, et de lui mander quels étoient sa taille, ses manières, ses talens, etc. on voit, dis-je, qu'il étoit délicat sur cet article, et qu'il s'y connoisssoit. Les plaisirs, pris en général, étoient pour *Henri* ce que ceux de la table sont pour les grands princes, qui regardent, avec assez d'indifférence, le banquet le plus somptueux, y donnent un coup d'œil en passant, et goûtent d'un mets ou deux tout au plus. Jamais prince ne fut plus appliqué que *Henri VII;* il étoit tout entier à ses affaires; cette application lui étoit naturelle, et il ne la devoit qu'à lui-même. En sorte que, lorsqu'il assistoit à une joûte, à un *tournois,* à un *bal masqué,* ou à toute autre fête de ce genre, il sembloit plutôt l'honorer de sa présence, et vouloir bien s'y prêter, qu'y prendre beaucoup de plaisir.

On peut observer sur ce prince, ainsi que sur tous les autres hommes, et principalement sur les souverains, que sa fortune influa beaucoup sur son caractère, et que réciproquement son caractère eut aussi beaucoup d'influence sur sa fortune. Avant son avènement au trône, non-seulement il n'étoit que *simple particulier,* situation qui auroit suffi pour lui inspirer des sentimens de modération et de modestie; mais de plus il étoit exilé, ce qui dut aiguiser son industrie et sa sagacité, en le mettant dans la nécessité d'exercer fréquemment son esprit. Durant la plus grande partie de son règne, il eut plutôt des *succès* que du *calme;* succès qui lui donnèrent plus de hardiesse et de confiance en ses propres forces, mais qui en même temps altérèrent et pervertirent, en quelque manière, son naturel, en le familiarisant trop avec les troubles et les dangers; cette facilité même avec laquelle il se tira d'affaire en tant d'occasions, et qui l'accoutuma trop à se fier aux remèdes subits, convertit sa *prudence naturelle* en une sorte de *dextérité* et de *prestesse* à parer les coups, à mesure qu'on les lui portoit, et lui apprit plutôt à remédier aux inconvéniens déja nés, qu'à les prévoir de loin, et à les empêcher de naître. Mais ce défaut tenoit aussi un peu à son naturel, et il en étoit de son esprit comme des yeux de ceux qui ont la vue courte; il ne voyoit nettement et distinctement les objets que de fort près. Quand le mal fondoit sur lui, sa prudence s'éveilloit à l'instant; mais s'il savoit y *remédier,* il ne savoit pas le *prévenir.*

Telle fut l'influence de sa fortune sur son caractère; mais son naturel, comme nous l'avons déja observé, influa aussi sur sa fortune. En effet, si l'on considère ces révoltes si fréquentes auxquelles il fut exposé, et ces difficultés sans cesse renaissantes contre lesquelles il fut obligé de lutter, on est forcé de les imputer à son défaut de prévoyance, à son opiniâtreté, à son caractère ombrageux, ou à toute autre cause semblable; car il ne se peut que des inconvéniens si multipliés, et ces embarras continuels, qui ne lui furent suscités par aucun de ces accidens qu'il est impossible de prévoir, n'aient eu pour cause quelque vice radical de son caractère naturel, et de la constitution primitive de son ame (1):

---

(1) Lorsqu'un homme rencontre par-tout des difficultés de même espèce, la source de ces difficultés est en lui : il est malheureux par-tout, parce qu'il porte par-tout son caractère qui est la vraie cause de son malheur; et en changeant de lieu, il ne change pas de situation, parce qu'il ne se change pas lui-même. Mais la situation extérieure

vice qu'il ne put voiler, ou dont il ne put prévenir les effets que par une infinité de petites ruses et de petits expédiens. Cependant, si, après l'avoir ainsi envisagé avec tous ses défauts, nous le comparons aux autres princes de son temps, nous trouverons qu'il l'emportoit sur *Louis XII*, roi de France, par sa politique, et sur *Ferdinand*, roi d'Espagne, par sa qandeur et sa sincérité ; mais si, dans cette comparaison, nous substituons à *Louis XII, Louis XI,* qui régna quelque temps avant lui, le parallèle sera beaucoup plus exact ; car on peut dire que ces trois souverains étoient les trois princes les plus éclairés (et comme les trois mages) de leur temps. Au

---

de Henri VII fut toujours à peu près la même, du moins en *Angleterre*; il occupoit le trône en dépit des partisans de la maison d'*Yorck*, c'est-à-dire, de presque toute la nation angloise ; et cette disposition du peuple auroit suffi pour produire tous ces inconvéniens. S'il n'eût attaqué continuellement ses sujets, à l'aide d'*Empson* et de *Dudley*, ils l'auroient attaqué lui-même.

reste, si *Henri VII* n'a pas fait de plus grandes choses, c'est à lui-même et à lui seul qu'il faut s'en prendre ; car tout ce qu'il a entrepris, lui a réussi (1).

Henri avoit un extérieur avantageux ; sa taille étoit un peu au-dessus de la moyenne, et très bien proportionnée ; cependant elle étoit un peu trop svelte (grêle). A son air tout-à-la-fois imposant et modeste, on auroit été tenté de le prendre pour un ecclésiastique ; sa physionomie n'étoit ni sombre, ni rude, ni fière ; il n'avoit pas non plus cet air d'aménité, qui gagne les cœurs ; mais seulement l'air d'un homme d'un caractère paisible et d'un esprit reposé ; c'étoit

---

(1) Il se peut que tout ne lui ait réussi que parce qu'il n'avoit entrepris que de petites choses, et que, s'il en eût entrepris de grandes, il eût échoué : d'ailleurs, il avoit entrepris d'empêcher la réunion du duché de Bretagne à la couronne de France, et cependant ce duché y fut réuni : il n'est donc pas vrai que tout ce qu'il avoit entrepris, lui ait réussi.

un de ces hommes qui ne gagnent point à se faire peindre, car lorsqu'il prenoit la parole, sa physionomie s'animoit et devenoit plus gracieuse.

Les grandes qualités de *Henri* nous engagent à rapporter quelques anecdotes, qui semblent prouver que la Divinité même voulant distinguer ce prince des autres mortels, daigna présider à sa naissance et à ses hautes destinées. La princesse *Marguerite,* sa mère, femme douée de toutes les vertus propres à son sexe, et qui étoit recherchée par un grand nombre de seigneurs de la plus haute qualité, rêva une nuit qu'un personnage vénérable, et revêtu d'habits pontificaux, lui présentoit pour époux *Edmond, comte de Richemond.* Elle n'eut jamais d'autre enfant que *Henri,* quoiqu'elle eût été mariée trois fois. De plus, un jour de fête solemnelle, *Henri VI,* roi d'Angleterre, que sa vie exemplaire et ses mœurs irréprochables ont presque fait mettre au nombre des saints, se lavant les mains, au moment de se mettre à table, et notre héros qui étoit alors fort jeune, lui présentant l'aiguière, ce prince jeta par hazard les yeux sur lui, et dit : *Ce sera ce jeune homme qui possédera un jour paisiblement cette couronne que nous nous disputons depuis si long-temps.*

Henri étoit né au château de *Pembroke*, et fut enseveli à *Westminster*; son monument est un des plus somptueux et des plus beaux qu'on voie aujourd'hui en Europe, soit pour la chapelle, soit pour le tombeau même où le corps est déposé; en sorte qu'il eut après sa mort une demeure encore plus magnifique que celle qu'il avoit eue durant sa vie, dans son palais de Richemond. Nous souhaiterions qu'on en pût dire autant de ce monument littéraire que nous tâchons d'ériger à sa mémoire.

Nous croirons faire à nos lecteurs une sorte de présent, en terminant cette histoire de *Henri VII*, par le portrait que *M. Hume* a fait de ce même prince dans son histoire de la maison de *Tudor*. Celui-ci est moins détaillé que le précédent, mais il est moins flatté, et il fournit de plus grandes vues. Comme c'est principalement en considération de ces vues que j'ai pris la peine de transcrire ce morceau, j'emploierai l'*italique*, afin de les rendre plus distinctes, et de les faire remarquer plus aisément à la jeunesse pour laquelle je travaille ; et pour fixer encore davantage son attention sur ces précieux apperçus, je crois devoir la prévenir que ce morceau, bien médité, a formé deux grands hommes, *Smith* et *Robertson*. Pour épargner des répétitions aux lecteurs, je supprimerai dans ce résumé de l'histoire de *Henri VII*, toutes les observations qui se trouvent dans le précédent.

Le règne de *Henri VII* fut, en total, heureux pour son peuple, dans l'intérieur du royaume, et honorable au dehors. Ce monarque *termina les guerres civiles,* dont la nation avoit été si long-temps déchirée ; il maintint la *paix et l'ordre dans l'état ; il abaissa la noblesse*, dont le pouvoir, jusqu'à cette époque, avoit été excessif, et sut se concilier tout-à-la-fois l'amitié de plusieurs princes étrangers, et la considération de tous.

Il *aimoit* la *paix, sans craindre la guerre;* quoique agité de *soupçons continuels* sur le compte de ses *serviteurs* ou de ses *ministres*, il ne montra jamais la moindre *timidité*, ni dans la conduite de ses *affaires*, ni dans un jour de *bataille ; sévère*, dans ses *châtimens*, il l'étoit cependant moins par un desir de *vengeance*, que par les maximes de sa *politique*.

Tout ce qu'il fit d'*avantageux* pour son *peuple*, eut plutôt son *intérêt particulier* pour objet, que le bien public. Lorsqu'il s'écarta de cet *intérêt propre*, ce fut sans s'en appercevoir lui-même, et seulement entraîné par l'*esprit de faction*, ou par de vils projets d'*avarice*. Jamais l'impétuosité de quelque *autre passion*, ou l'attrait d'aucun plaisir, ne put le distraire de cet unique point de vue. La *bienséance* et l'*amitié* l'en détournèrent encore moins.

Son *génie* étoit *assez vaste*, mais quelquefois *resserré par un cœur peu sensible*, et, pour ainsi dire, *étroit* (1). Il avoit de la *souplesse* et de la *dextérité* dans l'*esprit*; mais il n'employoit jamais ces *talens* que lorsqu'il étoit question d'emporter quelque *grand avantage*. Tant qu'il négligea de s'attirer l'*affection de de son peuple*, il sentit souvent *le danger de n'appuyer* son autorité que sur la *crainte* et le *respect* (2). Il fut toujours

---

(1) Comme il fut presque toujours dans une situation très difficile, il fut toujours si occupé de lui-même, qu'il n'eut pas le temps de s'occuper des autres; et si occupé à se défendre contre son peuple, qu'il n'eut pas le loisir de lui faire du bien.

(2) Quand un usurpateur, ou même un prince légitime, n'est *assis* que *sur une baïonnette*, tôt ou tard elle lui perce la partie qui porte sur ce

extrêmement *appliqué* à ses *affaires;* mais il avoit *peu de pénétration et de prévoyance;* de-là, il étoit *plus habile à réparer ses fautes,* qu'à *les éviter.*

L'*avarice* fut, en général, *sa passion dominante.* Ce prince laissa l'exemple presque unique, à cet égard, d'un homme placé sur le trône, doué de talens rares pour les grandes affaires, et dans lequel la *cupidité* l'emporta sur l'*ambition* même. Parmi les particuliers, l'*avarice* n'est ordinairement *qu'une espèce d'ambition*, et ne prend sur eux un certain *empire,* que comme un *moyen* de leur *procurer* les *égards,* les *distinctions,* la *considération qu'obtiennent les richesses* (1).

---

siège. La plus solide et la plus large *base de l'autorité souveraine,* c'est la *confiance publique.*

(1) Cette observation est si judicieuse, que, dans la première *jacquerie,* insurrection où tout homme qui n'avoit point *de calus* dans les mains, étoit égorgé *ipso facto,* tout le monde *aspiroit à l'honneur d'être pauvre,* et ne l'étoit pas qui vou-

L'autorité des *rois d'Angleterre* n'avoit jamais eu des *bornes connues et précises;* mais on ne l'avoit portée, sous aucun règne, au degré de *despotisme* qu'elle eut sous celui de *Henri;* non-seulement ce prince l'*étendit* par son *caractère nerveux, sévère, adroit, réfléchi* dans tous ses *projets, ferme* dans ses *résolutions,* et *secondé* dans toutes ses entreprises, autant par sa *prudence* que par d'*heureux hazards;* mais il étoit *parvenu* au *trône* dans des *circonstances* qui le *favorisoient* encore, c'est-à-dire *après des guerres civiles, longues et sanglantes,* qui avoient détruit la *haute noblesse,* seule *barrière* qui auroit pu *s'opposer à l'accroissement de son autorité.* La *nation* étoit *épuisée* par les *discordes* et les *fermentations intestines. Elle aimoit mieux enfin se soumettre à des usurpations et à des*

---

loit; car alors et l'*homme-gentil* et le *vilain-homme,* et le riche et le gueux, aimoient mieux leur argent que leur honneur, et leur tête que leur argent.

injustices, que de se replonger dans les mêmes calamités dont elle avoit long-temps gémi (1). Les *efforts qu'on fit contre ce prince,* ayant *été inutiles,* ils ne servirent (ainsi qu'il arrive toujours) qu'à le rendre *plus absolu.* Comme il avoit conservé *sur le trône l'esprit de sa faction,* qu'il *la protégea exclusivement,* et qu'elle étoit *la plus foible,* tous ceux qu'il plaça dans les emplois, sentirent *qu'ils ne devoient leur avancement* qu'à sa protection ; dès-lors ils se trouvèrent *intéressés à soutenir son pouvoir,* et le soutinrent en effet, aux dépens même de l'équité et des privilèges nationaux. Telles furent, selon toute apparence, les principales causes qui firent ajouter alors tant de prérogatives considérables à la royauté, et qui rendirent ce règne une espèce d'époque dans

---

(1) Celui qui se lasse le dernier, ou qui commence à travailler lorsque tous les autres sont las, reste le maître ; et alors il est *couronné par la paresse publique.*

la constitution du gouvernement anglois.

Henri est loué par les historiens, de plusieurs bonnes loix qu'il fit passer, quoiqu'il élevât sa prérogative au-dessus de toutes. Il est vrai que des réglemens importans, à l'égard de la *police* ou du *commerce* de son royaume, se trouvent parmi les ordonnances de son règne. Mais *les premieres* sont beaucoup *plus sages que les secondes, les plus simples notions de l'*ORDRE *et de l'équité suffisant à un législateur,* dans toutes les choses qui ont *rapport à l'administration intérieure de la justice.* Les *principes du commerce* sont beaucoup *plus compliqués,* ils demandent *une longue expérience et de profondes réflexions,* pour être entendus dans tous les états. L'effet d'une loi ou d'un usage est souvent très contraire à celui qu'on s'en promet d'abord (1). Il n'est pas étonnant

---

(1) La plupart des politiques, sur-tout les économistes, ne voient pas assez la différence qu'il

que, pendant le règne de *Henri VII*, on fût encore peu éclairé sur cette matière, puisqu'on n'en avoit certainement que

---

faut mettre entre l'effet *immédiat* d'une loi, ou d'une mesure, et son effet *médiat*. Pour juger sainement d'une mesure, d'un règlement, d'une loi, d'un système politique, il faut envisager tous ses effets, toute la chaîne de ses conséquences, bonnes ou mauvaises, pour la classe de citoyens qu'elle intéresse le plus directement, et pour toutes les autres classes; pour la nation entière et pour les autres nations (car, si ce moyen, ou système de moyens, leur est nuisible, il faut s'attendre à une réaction); enfin dans le présent et dans l'avenir: or, pour embrasser ce vaste ensemble de considérations, il faut trois choses qui ne se trouvent presque jamais réunies, l'*expérience*, le *génie* et le *temps*. Généralement parlant, la liberté indéfinie de l'industrie et du commerce est le plus sage de tous les systèmes : mais le rétablissement subit de cette liberté, après plusieurs siècles de servitude, est un vrai fléau, parce qu'il renverse, d'un seul coup, un immense édifice de commerce et d'industrie, fondé sur les privilèges et les prohibitions mêmes qu'on veut supprimer. Il en est de même de tous les autres genres de liberté. Ainsi

des idées fausses ou imparfaites, dans le temps même de Bacon.

(1) . . . .
. . . .
Le progrès des arts et du luxe arrêta ce pernicieux usage (celui d'entretenir un grand nombre de *cliens* ou de *serviteurs externes*), plus efficacement que la sévérité des loix. Les grands seigneurs cessèrent de se disputer l'avantage de cette sorte de faste, lorsque les nouvelles recherches dans la splendeur et l'élégance des équipages, des maisons et de la table, leur offrirent des objets d'émulation plus agréables. Les gens oisifs qu'ils tenoient auparavant à leur solde, ne res-

---

toute loi et tout réglement tendant à réformer quelque abus invétéré de cette nature, doit être annoncé plusieurs années d'avance; car, si l'on ne donne aux citoyens le temps de s'ajuster eux-mêmes à la loi annoncée, cette loi elle-même ne pourra s'ajuster aux citoyens.

(1) Ces points désignent des observations qui ont été faites dans le corps de cette histoire, dans mes notes, ou dans le portrait tracé par *Bacon*.

tèrent plus dans une molle indolence, ils furent obligés de se rendre capables de quelque profession, de quelque emploi, utiles à eux-mêmes et à l'état. Il faut convenir, en dépit de ceux qui déclament si violemment contre le rafinement des arts agréables, ou contre ce qu'il leur plaît de nommer *luxe*, qu'un artiste ou un commerçant industrieux est tout-à-la-fois un homme plus estimable et un meilleur citoyen, que n'étoient ces *fainéans gagistes* (*gagés*); de même que le genre de vie des gentilshommes de nos jours, est plus honnête que celui des anciens *barons*.

La loi la plus importante, par ses conséquences, qui fut promulguée sous le règne de *Henri*, fut celle qui permit à la haute noblesse et aux simples gentilshommes d'aliéner leurs terres, en *cassant les anciennes substitutions; cette loi*, jointe à l'*attrait du luxe naissant*, produisit une *révolution* dans les *fortunes;* celles des *barons*, autrefois immenses, *se dissipèrent* par degrés, et les *possessions des communes augmentèrent*. Il est vraisemblable que *Henri* en avoit prévu et souhaité l'effet ; car son système de politique fut constamment d'abaisser les grands et d'élever les ecclésiastiques, les gens de loi et les nouveaux nobles qui dépendoient davantage de lui.

Cette soif de l'or, naturelle à *Henri*, devoit conséquemment le porter à encourager le commerce qui auroit augmenté le produit des *douanes*, en raison de son accroissement (1). Mais, si nous pouvons en juger sur la plupart des loix qui furent établies sous son règne, le *commerce et l'industrie furent plutôt gênés que favorisés, par les soins et l'attention qu'on leur donna*. On établit plusieurs loix contre le *prêt à intérêt* (quel qu'il fût) que l'on qualifioit alors d'*usure*, contre les profits du *change*, etc. Il est

---

(1) Ainsi que celui des autres taxes levées sur les citoyens, et proportionnelles à leurs fortunes, que ce commerce devoit augmenter.

superflu d'observer combien toutes ces loix étoient déraisonnables, injustes, impossibles à exécuter et contraires au commerce, si elles avoient eu lieu.

Il fut *défendu d'exporter les chevaux*, comme si cette *exportation* même *n'encourageoit pas* à les *faire multiplier* dans le royaume. Pour favoriser l'exercice de l'arbalête ou de l'arc, on ordonna qu'aucune flèche ne se vendroit plus de six shellings et quatre pences (réduction faite sur la valeur des espèces de notre temps); le seul effet que ce réglement dut avoir, fut que le peuple *n'eût point de flèches, ou n'en eût que de mauvaises* (1). Le prix des étoffes de laine, des bonnets et des chapeaux étoit aussi fixé; on régla encore le salaire des ouvriers.

---

(1) L'effet de tout réglement de cette espèce, tendant à faire baisser le prix d'une marchandise quelconque, est toujours d'en diminuer la quantité ou la qualité, ou l'une et l'autre, c'est-à-dire, qu'il est diamétralement opposé à celui qu'on en attendoit.

Il est évident que tous ces objets auroient dû être *libres et abandonnés au courant* (du commerce et de l'industrie). Il pourra paroître étonnant que la valeur de la *verge* (trois pieds) de drap écarlate fut portée à vingt-six shellings (de 22 sous et demi), et celle de la verge de drap, d'autres couleurs, à 18; ce qui est le plus haut prix que ces marchandises coûtent à présent (1). Il n'est pas moins étonnant que la journée d'un artisan, tel qu'un *maçon*, un *couvreur*, fut taxée à près de dix pences; ce qui n'est pas fort au-dessous de ce qu'on la paie encore aujourd'hui dans quelques endroits. C'est une erreur vulgaire d'imaginer *que le prix des travaux et des marchandises est en*

___

(1) Si le *prix nominal* de certains genres de travaux et de marchandises est aujourd'hui à peu près le même que sous le règne de *Henri VII*, leur *prix réel* est donc réellement *trois fois moindre*, puisque la *valeur relative* ou *échangeable* de l'argent, depuis la découverte des indes occidentales, a été réduite *au tiers*.

général beaucoup augmenté depuis la découverte des Indes occidentales; une plus grande industrie, à laquelle nous avons atteint actuellement, a multiplié le nombre des commerçans et des artisans, de façon à tenir les journées au pair, malgré la prodigieuse augmentation de l'or et de l'argent. Le point de perfection que nos belles manufactures ont acquise, a même fait tomber quelques-unes de ces marchandises au-dessous de leur première valeur; indépendamment de ce que les marchands et les ouvriers, accoutumés, par la concurrence, à de moindres profits qu'autrefois, fournissent leurs pratiques à meilleur marché. Les *denrées* dont la *valeur* est principalement *augmentée*, sont la *viande de boucherie*, la *volaille* et le *poisson* sur-tout, dont la quantité ne peut s'accroître (proportionnellement) par les progrès de l'art et de l'industrie. La *profession la plus remplie* alors, et embrassée par les gens de la plus basse extraction, étoit l'état ecclésiastique. *Un statut défendoit à tout clerc, ou étudiant de l'université, de mendier sans permission du vice-chancelier.*

Une des principales *causes du peu d'industrie* que l'on connût alors, étoient les *entraves* dont elle avoit à se dégager, sur-tout celles qu'on y avoit mises par l'*érection des corporations des villes*; abus qui n'est pas encore tout-à-fait corrigé. Quelques-unes de ces loix, qui étoient nuisibles à l'industrie, et dont le but étoit d'attacher un plus grand nombre d'hommes à la culture des terres, produisoient un effet diamétralement opposé à celui qu'on en attendoit; car *l'agriculture n'est jamais plus efficacement encouragée que par l'augmentation des manufactures. La loi passée contre les murs de clôture et pour l'entretien des bâtimens des fermes*, ne méritoit guère, par la même raison, les grands éloges que *Bacon* lui donne. *Si les cultivateurs entendent l'agriculture et ont une prompte vente de leurs denrées, nous n'avons point à craindre que la population diminue parmi les gens de la campagne. Tous les moyens de favoriser la population sont violens ou inutiles, excepté celui qui prend sa force dans l'intérêt même du propriétaire des fonds.* Pendant un siècle et demi après le règne de *Henri VII, on renouvella, on multiplia les édits contre la dépopulation;* d'où l'on peut conclure *qu'il n'y en avoit point d'exécutés. Le cours naturel des améliorations* qui se sont faites *en augmentant l'aisance* du peuple, a procuré enfin le *remède* qu'on cherchoit à ce *mal* (1).

Ce fut pendant ce règne, le 2 août

---

(1) Jusqu'ici M. *Hume* a travaillé à former *Smith*, le *Newton de l'économique;* dans le morceau suivant, il va former *Robertson*, et l'exciter à écrire l'histoire de *Charles V*, en donnant encore quelques leçons au premier : double leçon d'autant plus sublime, que les deux disciples ont peut-être surpassé le maître : tout homme de lettres qui, en parcourant ce tableau vaste et précis, restera de sang froid, doit jeter sa plume, et n'est pas né pour tenir ce puissant instrument.

1492, un peu avant le coucher du soleil, que *Christophe Colomb* partit de *Cadix* (de *Palos*), et entreprit son voyage pour la découverte du monde occidental. Peu d'années après, *Vasquès* (*Vasco*) de *Gama*, *Portugais*, doubla le *cap de Bonne-Espérance*, et ouvrit un nouveau passage aux *Indes orientales*. Ces grands événemens devinrent de la première importance pour toutes les nations de l'Europe, *même pour celles qui n'étoient pas immédiatement intéressées à ces entreprises navales : l'agrandissement* du *commerce* et de la *navigation étendit* par-tout l'*industrie* et les *arts* : le *luxe* et la *mollesse ruinèrent* les *grands seigneurs :* la *roture acquit* des *terres,* et se procura encore des *richesses d'une autre nature,* c'est-à-dire du *produit* de ses *fonds,* de ses *marchandises,* de son *industrie,* de son *crédit* et de ses *correspondances.* Chez quelques peuples, *les communes étendirent* leurs *privilèges* en *accroissant* leur *fortune :* dans la plupart des *monarchies*, la *noblesse*, devenue *voluptueuse* et *incapable* de *soutenir* les anciennes *fatigues* de la guerre, se *dégoûta* du métier des *armes* : les rois eurent des *troupes réglées*, et rendirent leur *autorité plus absolue* ; mais partout la *condition* du *peuple* fut *meilleure* ; l'abaissement des *petits tyrans* par lesquels il étoit autrefois plutôt *opprimé* que *gouverné*, lui valut, *sinon l'entière liberté*, du moins ses *avantages les plus considérables* : le *concours* général des *événemens* tendoit alors à *humilier* la *noblesse*, et à *relever* la *roture* : *Henri VII*, qui avoit aussi adopté ce système de politique, s'est attiré plus d'éloges par là, que ses institutions, strictement appréciées, n'en méritoient en elles-mêmes, comme ouvrages d'une profonde sagesse.

Quoique ces progrès de la navigation et la découverte des deux Indes fissent un des plus mémorables événemens de ce siècle et de beaucoup d'autres, ce ne fut pas le seul qui le distingua : en 1453,

Constantinople fut prise par les Turcs : les Grecs, parmi lesquels quelques restes de savoir s'étoient conservés, dispersés par ces barbares, se réfugièrent en *Italie*; ils y portèrent, avec leur langue sublime, une teinture de leurs sciences et de leur goût exquis pour la poésie et l'éloquence. Environ dans le même temps, la pureté de la langue latine sembla renaître; le goût de l'antiquité devint à la mode, et le goût de la littérature se répandit chez toutes les nations de l'Europe : l'art de l'imprimerie, inventé aussi alors, facilita encore les progrès de toutes ces connoissances; l'invention de la poudre à canon changea l'art de la guerre; des innovations importantes furent faites bientôt après dans la religion ; non-seulement elles influèrent sur le système politique des états qui les adoptèrent, *mais encore sur celui des états qui restèrent attachés à leur ancienne doctrine* : une révolution générale s'opéra ainsi dans les affaires de cette partie du monde; l'Europe parvint, à l'égard du commerce, des arts, des sciences, de la politique, du gouvernement et de l'agriculture, à la situation dans laquelle elle a toujours persévéré depuis.

Fin de l'histoire de Henri VII.

PORTRAITS,

Moraux et politiques, de Jules-César et d'Auguste.

JULES-CÉSAR.

Jules-César, durant sa première jeunesse, essuya des disgraces qui, en diminuant sa présomption, et en donnant à son ame plus de ressort, de vigueur et d'activité, lui furent ainsi doublement avantageuses. Il eut, avec un caractère inquiet et turbulent, un jugement rassis et un esprit reposé, comme le prouvoit assez cette aisance et cette grace avec laquelle il se développoit, pour ainsi dire, par ses actions et ses discours. Jamais mortel ne sut prendre son parti plus promptement, ou s'exprimer avec plus de netteté. Dans tout ce qu'il disoit ou faisoit, on ne voyoit ni gêne, ni contrainte, ni embarras, ni gaucherie. Quant à ses desseins et à ses vues, jamais il ne se reposoit sur ses acquisitions, mais il tendoit toujours au-delà du terme où il étoit arrivé ; et à quelque élévation qu'il fût parvenu, il vouloit monter encore, de manière toutefois que ce n'étoit point un dégoût précoce qui le faisoit passer ainsi d'un objet à un autre ; mais il laissoit, entre chacune de ses entreprises et la suivante, l'intervalle convenable, et passoit de l'une à l'autre sans précipitation ; car jamais homme n'acheva plus complètement ce qu'il avoit commencé. Aussi voit-on qu'après tant de victoires décisives, et dans un temps où il sembloit pouvoir se reposer dans une parfaite et entière sécurité, il ne négligea point ces restes de la guerre civile qui fermentoient encore en Espagne, mais qu'il s'y porta en personne pour les étouffer, et qu'après avoir terminé cette fin même de la guerre civile, tout étant désormais pacifié, il s'occupa aussi-tôt d'une expédition contre les *Parthes*. Il eut sans doute une ame grande et élevée ; mais c'étoit une grandeur d'ame tendant plutôt à son propre agrandissement, qu'à celui de sa patrie; et son intérêt personnel fut le centre constant de ses actions (1); genre de caractère conséquent auquel il dut les succès les plus éclatans, et une prospérité presque continuelle : car, ni l'amour de la patrie, ni la religion, ni le devoir, ni l'amitié, ni les liens les plus sacrés, ne l'arrêtoient dans sa course, et ne le détournoient de son but. Il n'étoit pas non plus fort jaloux d'éterniser ce qu'il avoit fait; car on ne le vit jamais occupé à donner de la stabilité à ses institutions, ou à ériger des monumens durables. Mais, comme nous venons de le dire, il sembloit ne tout rapporter qu'à lui seul; et le terme de ses entreprises ne s'étendoit pas au-delà de sa propre existence : ce fut assez pour lui de rendre

---

(1) César, en subjuguant ses concitoyens, ne fit en cela que ce que chacun de nous feroit lui-même, s'il avoit son génie, son courage et son infatigable activité : il fit en grand ce que nous faisons en petit; il fit très habilement ce que nous faisons fort sottement; et, si nous le censurons, c'est jalousie de métier.

son nom célèbre (ce qui lui paroissoit importer quelque peu à ses desseins); plus jaloux de posséder réellement la souveraine puissance, et d'en jouir, que d'en être ou d'en paroître digne. Il n'aimoit point la gloire et l'estime publique pour elle-même, mais seulement comme un instrument de puissance. Ce fut plutôt par une sorte d'*élan naturel*, que, d'après un plan réfléchi, et une ambition tempérée par des principes moraux, qu'il tendit à se rendre maître de tout. Cette sorte d'ambition, il est vrai, lui concilia la faveur de cette partie du peuple qui étoit sans considération, mais le rendit suspect aux patriciens, aux magistrats, et autres personnages éminens, qui, étant jaloux de conserver leur importance, leur considération et leur autorité qu'il mettoit en danger, le taxèrent de cupidité, d'ambition et d'audace; reproche qui n'étoit que trop fondé, car la vérité est qu'il étoit d'un naturel très audacieux, peu sensible à la honte, peu scrupuleux et supérieur à tout respect humain, à moins qu'il n'eût les plus puissans motifs pour affecter une telle délicatesse. Cependant cette audace même étoit de telle nature, qu'on ne pouvoit la qualifier de témérité; elle n'avoit rien de choquant ni d'odieux, rien qui pût donner une opinion défavorable de son caractère. Elle sembloit avoir son principe dans une sorte de candeur ou d'ingénuité naturelle, et être un don, un privilège attaché à son illustre naissance. Dans sa vie privée, ainsi que dans sa vie publique, il évitoit, avec tant d'adresse, tout soupçon de manège, d'artifice et de fourberie, qu'il paroissoit franc et ouvert, quoiqu'il fût réellement très couvert, très dissimulé, et si méthodique, qu'il ne donnoit rien à la nature, que l'art n'eût approuvé : on n'appercevoit toutefois en lui ni art, ni affectation, et il sembloit ne faire que suivre son naturel et son génie; aussi ne se permettoit-il aucun artifice bas, ni aucune ruse avilissante et semblable à celles auxquelles des hommes qui, n'ayant pas d'aussi grandes ressources en eux-mêmes, et étant réduits à s'étayer de celles des autres pour conserver leur crédit et leur autorité, sont obligés d'avoir recours. Car il connoissoit à fond toute la marche des actions humaines; et pour peu qu'un dessein fût important, il n'en confioit l'exécution à aucun autre, mais l'exécutoit en personne. Il évitoit, avec beaucoup de dextérité, tout ce qui auroit pu le rendre odieux; et pour prévenir cet inconvénient, il ne balançoit pas à sacrifier sa considération et son honneur même. Content de la réalité du pouvoir, il méprisa, presque durant toute sa vie, le faste et le vain appareil de la puissance. Cependant, sur la fin, rassasié de sa propre grandeur, ou subjugué par la flatterie, il brigua aussi les marques extérieures du pouvoir souverain, le titre de roi, le diadême, etc. imprudence qui fut cause de sa perte. Il avoit aspiré, dès sa première jeunesse, à la souveraine puissance; à quoi il avoit été excité par l'exemple de *Sylla*, par sa parenté avec *Marius;* par émulation contre Pompée; par les troubles et la corruption des mœurs de son temps. Mais il sut se frayer le chemin au trône avec un art admirable et une méthode qui ne se démentit jamais; d'abord, par le moyen de la faction populaire et des brigues séditieuses; puis par l'éclat de ses expéditions militaires et par la force des armes. En effet, il falloit qu'il commençât par ruiner entièrement l'autorité du sénat; car, tant qu'elle auroit subsisté, il n'auroit pu prétendre à aucun pouvoir extraordinaire et excessif; après quoi il falloit qu'il abattît la puissance de *Crassus* et de *Pompée;* dessein qu'il ne pouvoit exécuter que par les armes. Aussi ce grand maître dans l'art d'établir sa fortune, sut-il en élever par degrés l'édifice, en achetant les suffrages du peuple, en corrompant les juges par des présens, en faisant reparoître les trophées de *Marius,* et en relevant ce parti (le sénat et les patriciens étant attachés à la faction de *Sylla*), par des loix agraires, par la connivence de plusieurs tribuns séditieux, qui n'étoient que ses instrumens, et qu'il opposoit au sénat; par l'affreux complot de Catilina, et d'autres conjurations du même genre, qu'il favorisoit secrètement; par l'exil de Cicéron, dont la cause étoit celle du sénat, et qui étoit le principal appui de ce corps; par une infinité de moyens de cette nature; mais sur-tout en réconciliant *Pompée* avec *Crassus*, et en se liguant avec eux (1). Ce premier point une fois gagné, il tourna toute son attention vers l'autre, et parvint, en peu de temps, à

---

(1) César, après sa première expédition en Espagne, étoit, avec son armée, aux portes de Rome, où il demandoit qu'il lui fût permis de briguer le consulat, sans entrer dans la ville; ce qui étoit contre les loix (car, pour demander le triomphe, il falloit être hors de la ville; et pour briguer le consulat, il falloit être au dedans); il essuya un refus: il prend son parti sur-le-champ, renonce au triomphe, entre dans la ville, va trouver successivement *Crassus* et *Pompée*, et leur dit: *Le plan du sénat est d'entretenir votre mésin-*

se procurer le second genre de ressources. S'étant fait donner le proconsulat des *Gaules*, d'abord pour cinq ans, puis pour cinq autres années, lorsqu'il se vit à la tête de plusieurs légions très aguerries et maître d'une province aussi opulente que belliqueuse, il commença à menacer l'*Italie*; car il ne doutoit point qu'une fois qu'il seroit appuyé de la puissance militaire, ni *Crassus*, ni *Pompée* ne pourroient tenir devant lui; l'un, qui étoit déja fort âgé, comptant trop sur ses richesses, et l'autre, dont le crédit commençoit à decliner, se fiant trop à

---

telligence, pour régner, à la faveur de vos divisions, et vous ruiner l'un par l'autre ; au lieu que, si vous étiez réunis, rien ne pourroit vous résister : joignez vos deux brigues à la mienne, et procurez-moi le consulat; vous aurez le peuple, qui est pour moi, les tribuns dont je dispose, vous-mêmes, si vous savez vous entendre, et moi pour votre lieutenant : je n'y mets qu'une seule condition, c'est qu'il ne se fera rien dans la république qui puisse déplaire à un seul de nous trois. Il persuada, et Rome fut perdue.

sa réputation; en un mot, ni l'un, ni l'autre n'ayant de puissance réelle ni de ressources comparables aux siennes. Tout lui réussit à souhait, sur-tout lorsqu'après avoir eu l'adresse de gagner un à un, par des services personnels, par de riches présens et des promesses encore plus magnifiques, la plupart des sénateurs, des magistrats et de ceux qui avoient quelque crédit, il n'avoit plus à craindre qu'il se formât contre lui quelque ligue assez puissante pour faire obstacle à ses desseins, jusqu'à l'époque où il se proposoit d'attaquer la république. Enfin, lorsqu'il se décida à exécuter ce dessein si long-temps médité et préparé, il ne leva pas encore le masque; mais, par l'apparente équité de ses demandes, par d'insidieuses propositions de paix, et en usant avec modération de ses succès, il sut rejeter sur le parti contraire tout l'odieux de la guerre civile, et paroître n'avoir pris les armes que par nécessité et pour sa propre sûreté. Mais le vrai dessein que couvroient tous ces prétextes et cette longue dissimulation, parut enfin à découvert, lorsqu'après avoir entièrement terminé la guerre civile, détruit ou écarté tous les rivaux qui pouvoient lui donner de l'inquiétude, et pris possession de la souveraine puissance, il ne pensa point à rétablir la république, en abdiquant la dictature, et ne daigna pas même feindre d'en avoir le dessein : ce qui prouve clairement qu'il avoit toujours aspiré à la tyrannie, et avoit tardé, jusqu'au moment de l'exécution, à manifester ce dessein. Il seroit inutile de dire qu'il ne fit que profiter d'une occasion favorable; car ces occasions il les provoqua et les fit naître lui-même. Ce fut sur-tout dans la guerre que brilla son génie, et qu'il fit preuve de talens si supérieurs, que, non content d'exceller dans le commandement d'une armée, il créoit lui-même cette armée : s'il brilloit par la justesse de ses dispositions et par la vigueur de l'exécution, il n'excelloit pas moins dans l'art de manier les esprits; et s'il s'en rendoit maître, ce n'étoit pas seulement par des châtimens sévères, par la crainte du déshonneur, et par tous ces moyens qu'emploie une vulgaire discipline, pour accoutumer le soldat à une exacte et prompte obéissance, mais par une méthode qui n'étoit qu'à lui, et dont l'effet étoit d'inspirer à ses soldats une telle audace et un tel courage, qu'il sembloit envahir la victoire; méthode qui les attachoit fortement à ses intérêts, et leur inspiroit, pour sa seule personne, un dévouement très dangereux dans un état libre. Comme il étoit consommé dans toute espèce de guerres, il n'y avoit plus pour lui d'accident si imprévu, qu'il n'eût toujours un remède prêt, ni de disgrace dont il ne sût tirer avantage. Il réservoit pour sa personne le rôle qui lui convenoit. Durant une bataille décisive, il se tenoit dans sa tente, d'où il faisoit porter ses ordres par ses aides-de-camp; disposition dont il tiroit un double avantage; car, en premier lieu, il exposoit moins sa personne; puis, lorsque ses troupes commençoient à plier, il rétablissoit le combat par sa seule présence, qui tenoit lieu d'un renfort et d'une réserve. Dans les guerres qu'il fit en personne, il ne se contenta pas d'imiter des modèles, soit par rapport aux moyens et à l'appareil militaire, soit relativement aux opérations d'une campagne, mais il fut lui-même créateur à ces deux égards, et son fécond génie inventa une infinité de moyens nouveaux et toujours bien appropriés aux circonstances où il les imagina (1). Il fut assez constant dans ses amitiés, servant toujours ses amis avec zèle, ayant beaucoup d'indulgence et de complaisance pour eux. Cependant, par

---

(1) Cependant il imitoit *Sylla* en beaucoup de choses; il avoit sur-tout emprunté de lui la méthode de harasser et d'impatienter le soldat par des travaux pénibles, avant une bataille décisive, afin de l'irriter contre l'ennemi, et de lui faire regarder cette *bataille* comme un *repos*, comme des vacances; lorsqu'ils se plaignoient de ces corvées, il leur répondoit : *Ce n'est pas d moi que vous devez vous en prendre, mais à cette armée qui est*

le choix même de ses liaisons, on voyoit assez qu'il vouloit trouver dans ses amis des instrumens utiles à ses desseins, et non des obstacles. Mais, comme il étoit porté, par son naturel et par une résolution fixe, à vouloir non pas simplement tenir le premier rang parmi les personnages les plus distingués, mais commander à des hommes parfaitement soumis, il se choisit pour amis des hommes peu considérés, mais actifs, intelligens, et dont il étoit l'unique ressource. De-là ce serment qu'ils faisoient : *je consens à mourir, pourvu que César vive ;* et autres preuves semblables de leur parfait dévouement à sa personne. Quant aux personnages plus distingués, ou ses

---

devant vous : ôtez-la de devant vos yeux, et alors vous n'aurez plus rien à faire. Il paroît que le plus sûr moyen pour inspirer aux soldats le mépris de la mort, c'est de leur rendre la vie odieuse; méthode plus conforme aux règles de l'art militaire, qu'aux loix de l'humanité ; car malheureusement, dans ce noble jeu d'échecs, les pions sont des hommes.

égaux par le rang, il ne se lioit avec eux qu'autant qu'il y trouvoit son avantage. Généralement parlant, il ne contractoit point de liaisons qui ne pussent lui être utiles; mais il n'admettoit dans son intimité que des personnes auxquelles il tenoit lieu de tout. Il n'avoit fait que des progrès médiocres dans les lettres et dans les sciences, n'en ayant pris que ce qui pouvoit s'appliquer à la pratique, et être de quelque usage dans la vie active : par exemple, il avoit étudié l'histoire avec beaucoup de soin. Il connoissoit tout le poids et toute la force d'un mot bien choisi et placé à propos; et son plan étant d'attribuer à sa fortune la plus grande partie de ses succès, il voulut paroître avoir de grandes connoissances sur le cours et l'influence des astres. Son élocution étoit pure, facile, coulante et naturelle. Il étoit porté par tempérament à la volupté, et s'y livroit sans mesure; ce qui, durant sa première jeunesse, lui servit à couvrir ses desseins, personne ne pouvant se persuader qu'un homme d'un tel caractère, et si adonné à la volupté, pût être dangereux. Mais il jouissoit avec méthode, et régloit ses plaisirs de manière qu'il en tiroit avantage, ou du moins qu'ils ne nuisoient point à ses plus grands intérêts, et qu'ils donnoient à son ame une nouvelle vigueur, au lieu de l'affoiblir. César étoit fort sobre, et indifférent sur le choix des mets. Il étoit gai et magnifique dans les jeux, les festins, les spectacles et les fêtes publiques. Tel fut cet homme extraordinaire; et ce qui avoit d'abord été pour lui le principal moyen de s'agrandir, finit par lui être funeste; je veux dire sa popularité et le soin qu'il avoit de se rendre agréable à la multitude. Car rien de plus populaire que de pardonner à ses ennemis; mais cette vertu même, ou cette affectation, fut la vraie cause de sa perte.

CÉSAR-AUGUSTE.

S'il exista jamais un mortel qui eût une ame grande et active, mais sans turbulence, et où régnât l'ordre, le calme et la sérénité, ce fut César-Auguste, comme le prouvent assez les grandes choses qu'il fit durant son adolescence même ; car les hommes d'un génie inquiet font beaucoup de fautes durant leur première jeunesse ; mais ensuite, dans l'âge moyen, ils font leurs preuves, au lieu que les hommes d'un naturel plus paisible et plus modeste peuvent se distinguer dans la première fleur de leur jeunesse ; et comme toutes les grandes qualités de l'ame, ainsi que tous les avantages extérieurs du corps, peuvent être comprises sous ces trois chefs, *santé, beauté* et *force*, si *Auguste* le céda de beaucoup à son grand-oncle pour la vigueur de l'ame, il eut beaucoup d'avantages sur lui, par rapport à la *santé* et à la *beauté*. Car, quoique le premier fût d'un caractère inquiet et turbulent, comme tous ceux qui sont sujets à des attaques d'*épilepsie*, il sut sans doute aller à ses fins avec beaucoup d'art et de méthode : cependant il ne sut pas régler ces fins mêmes et modérer ses desirs. Mais son ambition fut sans mesure, il ne sut pas s'arrêter, et il prit un essor trop élevé, peu content de ce qu'il avoit acquis, aspirant avec trop d'ardeur à ce qui excédoit les bornes de l'humanité, et oubliant trop qu'il étoit mortel. Au lieu que le dernier, plus sobre, plus modéré, et sentant mieux que ses desirs devoient avoir un terme, ainsi que sa vie, sut borner et régler ses vues avec plus d'ordre et de sagesse ; car il voulut d'abord prendre possession de la souveraine puissance, puis en paroître digne, ensuite jouir de sa haute fortune comme il convenoit à sa condition d'être mortel; enfin, laisser aux siècles futurs un long souvenir de son règne, par des institutions durables, et consacrer son nom par des monumens immortels. En conséquence de ce plan si sage, il voua sa première jeunesse à l'acquisition du pouvoir souverain, son âge viril à l'estime publique, son automne à la jouissance, et sa vieillesse à l'immortalité.

Fin du quatorzième volume.

www.ingramcontent.com/pod-product-compliance
Lightning Source LLC
Chambersburg PA
CBHW070947180426
43194CB00041B/1199